TRICK 17

365 geniale Alltagstipps

Lifehacks für alle Lebenslagen

Benjamin Behnke und Kai Daniel Du

Inhalt

Kniffe, Tipps & Tricks, Lifehacks – egal ob im Haushalt, auf Reisen, im Büro, beim Sport, zu besonderen Anlässen, oder einfach nur auf der Couch: Wir sind ständig auf der Suche nach Ideen, die unser Leben einfacher machen. Was liegt da näher, als sich genau die Dinge zunutze zu machen, die sowieso schon überall herumliegen? Alltagsgegenstände, Büroartikel und Haushaltswaren lassen sich auf überraschende, clevere und genial einfache Weise wiederverwenden und zweckentfremden.

Wir haben in diesem Buch 365 solcher verrückten und praktischen Kniffe aus allen Lebensbereichen gesammelt, ausprobiert, beschrieben und kommentiert.

Warum gerade wir dieses Buch schreiben? Erstens, weil wir seit Jahren bekennende und praktizierende Alltagsoptimierer sind. Zweitens, weil wir seit 2013 den „Trick 17 Podcast" produzieren, eine Radiosendung im Internet, in der wir pro Ausgabe 17 neue Lifehacks vorstellen und einen Trick live in der Sendung ausprobieren.

Egal ob als Geschenk, Bettlektüre, Nachschlagewerk oder auf Reisen: Die nachfolgenden Seiten sind ausnahmslos zum Nachmachen empfohlen. Aber Vorsicht: Lifehacks können süchtig machen!

Ben & Kai

Ostereier

färbt man mit Zwiebeln, Roter Beete oder Spinat.

Frühling und Garten

1 Salatherzen wiederbeleben

Stelle den Strunk von Salatherzen in eine Schale mit Wasser ans Fenster. Aus der Strunkmitte wächst nach drei Tagen frisches Gemüse nach.

Damit es klappt, schneide den unteren Teil etwas großzügiger ab und wechsle täglich das Wasser.

Mit Farben bemalt, Deko-Klebeband oder Knöpfen beklebt ist der Klammertopf ein würdiger Ersatz für jeden Übertopf.

2 Hübsch geklammert

Schneide den Boden einer Plastikflasche ca. 2 cm hoch ab und bringe daran die Wäscheklammern an.

5 OSTEREIER VERZIEREN

Vor dem Färben belege die Eier mit Kräutern oder Blättern und verpacke sie stramm in ein Stück Nylonstrumpfhose. Die Blätter hinterlassen dann dekorative Muster auf der Schale.

Ein kleines Gummiband vor und hinter dem Ei hält es im Strumpf in seiner Position.

6 Backofen-Eier

Zu Ostern oder für Frühstücksbuffets lassen sich Eier in großer Zahl im Backofen zubereiten. Einfach in ein Muffinblech legen und bei 160–180 °C für ca. 30 Minuten backen.

7 Ostereier färben

Eier kannst du in Pflanzensaft bunt färben. Koche Rote-Beete-Saft auf, gib die Eier dazu und koche sie 10 Minuten mit. Im Sud über Nacht abkühlen lassen. Für beste Ergebnisse verwende weiße Eier von freilaufenden Hühnern und putze sie vorher mit Essigwasser.

Für andere Farben 1 l Wasser mit Rotkohlblättern (1/2 Kopf; rot), Kurkuma (40 g; gelb), Spinat (300 g; grün) oder Zwiebelschalen (etwa eine Handvoll; braun) eine halbe Stunde kochen. Dann wie oben beschrieben fortfahren.

8 Spritzen und klecksen

Gesprenkelte Eier erhältst du, indem du eine alte Zahnbürste in Wasserfarbe eintauchst und dann mit dem Finger über die Borsten streichst.

Streiche zu dir hin und halte die Bürste Richtung Ei. Unterlagen helfen, die Sprenkel im Zaum zu halten.

9 Eierschalendeko

Verwende ausgeblasene Eier, dann hast du viele Jahre etwas von den kleinen Kunstwerken.

Die Eierschale von gefärbten Ostereiern kannst du verwenden, um weitere Eier mit einem Mosaik aus Eierschalen zu bekleben.

10 Das ist spitze!

Eintönige Blumentöpfe kannst du mit Spitzenborte bekleben und so in stylische Unikate verwandeln. Zum Bekleben eignet sich Holzleim oder Sekundenkleber.

Sieht auch mit breiten Geschenk-bändern hübsch aus.

11 Anzuchtstation

Schneide eine leere Klopapierrolle an einem Ende gleichmäßig ein und falte die entstandenen Laschen um. Gefüllt mit Erde, Watte oder Zeitungspapierschnipseln kannst du darin Pflanzen ziehen.

Die Pflänzchen später mitsamt der Papprolle in einen Blumentopf oder im Garten einsetzen. Das Papier löst sich im Laufe der Zeit auf.

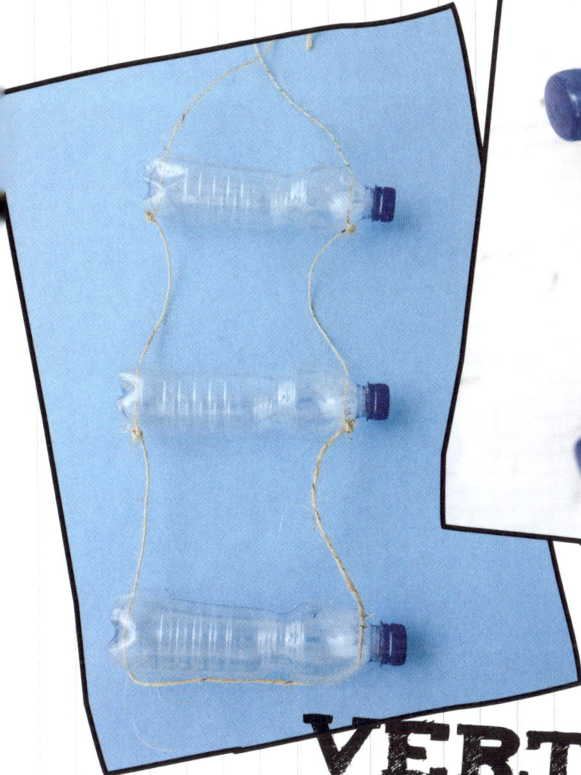

12 VERTIKALER GARTEN

Aus leeren Kunststoffflaschen und Bindfaden lässt sich im Fenster ein vertikaler Garten anlegen.

Die Öffnungen mit einem Cutter einschneiden, Löcher mit einem Metallspieß vorstechen und mit der Scherenspitze weiten. Damit die Flaschen nicht verrutschen, direkt darunter jeweils einen dicken Knoten in den Bindfaden machen.

13 Improvisierte Gießkanne

Aus einem leeren Kunststoffkanister kannst du eine einfache Gießkanne basteln, indem du den Deckel abschraubst und einige Löcher hineinbohrst.

Die Löcher lassen sich auch mit einer Rouladen-nadel hineinschmelzen, die über einer Kerze erwärmt wurde.

14 Klare Sicht

Zeit für den Frühjahrsputz: Die Fensterscheibe mit Reiniger einsprühen und mit einem zusammengeknüllten Blatt Zeitungspapier in kreisförmigen Bewegungen trocken polieren.

Bitte kein Hochglanz-Fotopapier aus Magazinen verwenden, es eignet sich nur klassisches Zeitungspapier für diesen Alltagstrick!

15 Duschkopf entkalken

Zum Reinigen des Duschkopfes stülpe einen Gefrierbeutel mit Essig oder Zitronensäure darüber und befestige ihn mit einem Gummiband. Über Nacht wirken lassen und anschließend mit Wasser abspülen.

16 Wasserflecken entfernen

Eine ausgepresste Zitronenhälfte kannst du verwenden, um Kalkflecken auf der Spüle oder auf Armaturen zu entfernen.

17 ANGELAUFENES SILBER REINIGEN

Angelaufenes Silber lässt sich schnell und einfach reinigen, indem du es zusammen mit einem Stück Alufolie in eine gesättigte Salzlösung gibst. Nach wenigen Minuten strahlt das Silber wieder wie neu.

Im Gegensatz zum Polieren mit Polierpaste wird das oxidierte Silber nicht abgeschliffen, sondern chemisch wieder zu Silber umgewandelt.

18 Fusselrolle

Doppelseitiges Klebeband auf einer Farbrolle ist ein mächtiges Werkzeug zum großflächigen Entfernen von Fusseln und Haaren.

Tierhaare lassen sich auch mit einem Duschabzieher entfernen (siehe Seite 49).

Haushalt und Reinigen

Möchte man an einem kleinen Waschbecken Wasser in einen Eimer füllen, hilft ein Kehrblech, um das Wasser in den Eimer zu leiten.

Schwierig, wenn ein eingeschweißter Dosenöffner gekauft wird.

19 Hartfolien-Verpackungen öffnen

In Hartfolie eingeschweißte Gegenstände lassen sich leicht mit einem Dosenöffner befreien.

MIXER REINIGEN

20

Ein paar Tropfen Spülmittel und etwas Wasser in den Mixer geben, aufmixen, ausspülen, sauber!

Bei Stabmixern funktioniert das Prinzip ebenfalls, wenn du Wasser und Spülmittel in einen Becher gibst.

21 ZAHNPASTA-WEISS

Mit Zahnpasta und Zahnbürste werden dreckige Gummisohlen an Schuhen wieder strahlend weiß.

Auch trübe Scheinwerfer bekommst du mit Zahnpasta wieder klar.

In der übrigen Zeit eignet sich der Karabiner als Schlüsselanhänger.

22 Tragekomfort

Mit einem breiten Karabinerhaken kannst du mehrere Plastiktüten auf einmal tragen, ohne dass sie in die Finger einschneiden.

23

Kleine Teile wiederfinden

Befestige einen Nylonstrumpf mit einem Gummiband am Ende des Staubsaugerrohres. So kannst du mühelos kleine Gegenstände unter dem Schrank oder Sofa hervorholen.

24 Frustfreie Mülleimer

Bringe in etwa 4 cm Höhe einige Bohrungen am Mülleimer an. Das verhindert, dass sich der befüllte Müllbeutel beim Herausheben festsaugt.

Beim Wechseln der Müllbeutel die Rolle mit neuen Beuteln einfach zuerst in den Mülleimer legen. So sind diese immer sofort griffbereit.

Kanisterschippe

25

Aus einem Kunststoffkanister kannst du mit einem Teppichmesser eine kleine Schaufel schneiden.

Je nach Form des Kanisters kann die resultierende Schaufel anders aussehen. Solange ein Griff am Kanister ist, sollte aber auf jeden Fall eine Schaufel herauskommen.

26 Gut gezogen ist halb gedreht

Mit einem Stück Gewebeklebeband am Rand des Deckels eines Schraubglases kannst du das Glas leicht öffnen.

Wenn du das Glas nicht wieder verschließen musst, stich einfach ein Loch in den Deckel. Auch dies ermöglicht ein leichteres Öffnen.

27 Mief ade!

Einen müffelnden Spülschwamm mit Wasser durchfeuchten und für zwei Minuten in der Mikrowelle erhitzen. Nach dem Abkühlen riecht der Schwamm wie neu!

Wenn der Schwamm schon mal an Ort und Stelle ist: Am besten gleich die Mikrowelle ausputzen.

So lässt sich das Spülmittel flächig auf das Geschirr aufbringen und du benötigst weniger von der Porzellanseife.

28 Spülpistole

Eine Sprühflasche mit einem Teil Spülmittel und neun Teilen Wasser füllen.

29 Scharfe Sachen

Nassrasiererklingen kannst du schärfen, indem du sie entgegen der Rasierrichtung über ein Stück Jeansstoff ziehst. Übe leichten Druck aus und ziehe ein paar Mal von unten nach oben, dann von oben nach unten.

Besser nicht an der Lieblingsjeans ausprobieren.

Teleskopstangen gibt es in vielen Längen. Sie lassen sich bei Bedarf auch wieder spurlos entfernen.

30

SPRÜHFLASCHEN-HALTER

An einer Garderoben- oder Duschvorhangstange im Spülunterschrank kannst du Sprühflaschen einhängen.

31 Un(be)schlagbar

Trage eine dünne Schicht Rasierschaum auf den Spiegel auf und putze diese mit Küchenkrepp gründlich ab. Danach bildet sich beim Duschen oder Baden keine Nebelschicht mehr.

32 Wasserschaufel

Auch an einem kleinen Waschbecken lässt sich mit diesem Trick Wasser in einen Eimer füllen: Das Wasser einfach mit einer sauberen Kehrschaufel in den Eimer leiten.

Achte beim Kauf deiner Kehrschaufel auf die Griffform. Nur wenn die Oberseite eine Rinne bildet, ist der Griff für diesen Lifehack geeignet.

33 ORANGEN-ESSIG-REINIGER

Lass Orangenschalen zusammen mit Essig für zwei Wochen in einem verschlossenen Schraubglas ziehen. Anschließend in eine Sprühflasche umfüllen – fertig ist ein ungiftiges und gut duftendes Reinigungsmittel.

Damit lassen sich beispielsweise müffelnde Kühlschränke oder Oberflächen im Bad reinigen.

34 Alufolien-Schwamm

Zusammengeknüllte Aluminium-Folie eignet sich hervorragend als improvisierter Reinigungsschwamm für hartnäckige Verkrustungen.

Nicht geeignet für beschichtete Töpfe und Pfannen!

35 Sauberes Holzbrett

Halbiere eine Zitrone und reibe mit einer der Hälften und grobem Salz gründlich auf dem Holzbrett umher. Anschließend kurz mit heißem Wasser abspülen – sauber ist das Brett.

Holzbretter oder Kochlöffel nie über längere Zeit in Wasser einweichen, da das Holz sonst aufquillt und sich verformt.

!

Schneller trocknen 36

Gib ein trockenes, sauberes Handtuch zur feuchten Wäsche in den Trockner. Das Tuch saugt die Feuchtigkeit auf und beschleunigt insgesamt die Trocknung.

Ein schnellerer Trocknungsvorgang spart Geld und schont gleichzeitig Kleidung und Umwelt.

TEPPICHBREMSE

37

Nutze selbstklebendes Klettband, um die Ecke des Teppichs zu befestigen, die immer wieder umklappt.

Der Klettverschluss ermöglicht es dir, unter dem Teppich zu putzen.

38 Mopp-Pantoffeln

Befestige Stücke von einem Wischmopp unter deinen Hausschuhen. So putzt du beim Herumlaufen den Boden.

Du kann die Moppstücke auch an dicke Freizeitsocken nähen.

39 BLITZEBLANKER BILDSCHIRM

Verwende einen Teefilter zum Staubwischen.

So hast du immer klare Sicht auf Fernseher oder Computer-Monitor.

40 Tierhaare entfernen

Ein Gummiabzieher eignet sich nicht nur zum Reinigen von Fenstern oder Duschkabinen, sondern entfernt auch zuverlässig Tierhaare von Polstermöbeln und Teppichen.

41 SAUBERERE MÜLLTONNE

Eine alte Zeitung am Boden des Mülleimers oder der Mülltonne saugt entstehende Flüssigkeiten auf und erleichtert die Reinigung.

Bestreut man die Zeitung zusätzlich mit etwas **Natron**, werden unangenehme Gerüche eingeschränkt.

42 Mikrowellen-reinigung

Bevor du den Innenraum der Mikrowelle putzt, erhitze ein Schälchen mit Wasser für zwei bis drei Minuten darin. Der Dampf weicht angetrocknete Reste auf.

43 Antistatik

Eine zusammengerollte Kugel Aluminiumfolie im Wäschetrockner verhindert, dass sich synthetische Wäsche statisch auflädt.

Du kannst auch einen Tennisball fest mit Alufolie umwickeln.

44 Lufträucherung

Wirble ein feuchtes Handtuch in einem Zimmer, in dem geraucht wurde, um die Luft aufzufrischen.

Ein Tropfen ätherisches Öl auf dem Handtuch sorgt für zusätzliche Frische.

45 Vertikale Keimflucht

Klemme einen Spülschwamm hochkant in eine Vielzweckklammer. Er trocknet schneller und bietet Keimen weniger Angriffsfläche.

Blitzeblank 46

Gelingt auch mit Reiniger für Zahnersatz.

Um eine schmale Glasvase zu reinigen, gib Backpulver hinein und fülle sie mit heißem Wasser auf. Über Nacht stehen lassen und gründlich ausspülen.

Ordnen und Aufbewahren

Dünne Kabel kann man mit Steckperlen farblich markieren, die man an der Seite mit einer Nagelschere geöffnet hat.

47 Dosenhänger

Hänge den Aufreißring einer Getränkedose über den Haken eines Kleiderbügels. Dort kannst du einen weiteren Kleiderbügel einhängen und so mehr Kleidungsstücke im Schrank unterbringen.

Nach unten verlängerbar: Einfach in den unteren Kleiderbügel wieder einen Ring und einen Haken hängen.

Ist die Schublade nicht voll, stelle von der Seite etwas gegen den Stapel, damit er nicht umfällt.

48 Aufgeräumte Schubladen

Staple deine Kleidung hochkant in eine Schublade. So kannst du jedes Kleidungsstück herausnehmen, ohne alles neu stapeln zu müssen.

49 Schuhe aufhängen

Eine Kleiderhakenleiste auf Fußhöhe kann für Schuhe verwendet werden.

Der Boden bleibt frei und sauber und die Schuhe sind ordentlich verwahrt.

50 KLAMOTTEN AUSSORTIEREN

Hänge alle Kleiderbügel mit den Haken von hinten auf die Kleiderstange. Wann immer du etwas herausnimmst, hänge den Bügel anders herum wieder herein. Nach einem Jahr sortierst du die Kleidungsstücke aus, die noch wie am Anfang im Schrank hängen.

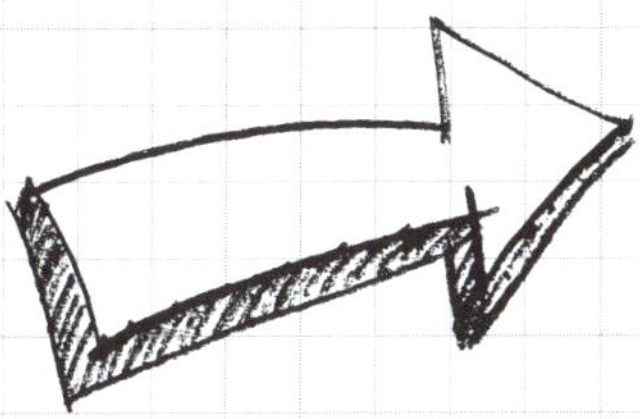

Einige Kleidungsstücke, wie einen Anzug oder ein Hochzeitskleid, möchte man sicherlich aufbewahren. Auch, wenn man sie nicht so oft anzieht.

51 Ordentliche Bettwäsche

Bewahre zusammengelegte Bettdeckenbezüge in den dazu gehörenden Kissenbezügen auf.

So sind immer alle benötigten Teile mit einem Griff parat.

T-Shirt falten 52

So falten die Japaner Shirts. Mit etwas Übung kannst auch du T-Shirts mit einem Handgriff zusammenlegen.

Alternativ kannst du die Shirts auch zusammengerollt aufbewahren (siehe Seite 168).

1. Greife das Shirt wie abgebildet. Der linke Arm greift über den rechten Arm.
2. Führe Punkt a zu Punkt c und halte beide zusammen fest.
3. Hebe beide Arme an, sodass das Shirt in der Luft hängt.
4. Lege das Shirt mit den Ärmeln zuerst ab und klappe es auf der Vorderseite nach oben mittig zusammen.

53 Anti-Rutsch-Kleiderbügel

Zwei eng um einen Kleiderbügel gewickelte Gummibänder verhindern, dass die Träger eines Kleides herunterrutschen.

Sieht etwas unstabil aus, hält durch die Überlappung den Pulli aber wunderbar auf dem Kleiderbügel.

54 Pullis aufhängen

Falte einen Pullover mittig entlang der Längsachse, lege einen Kleiderbügel mit dem Haken zwischen den Achseln auf den Pullover und klappe die beiden Hälften an den Stegen des Kleiderbügels herunter. So aufgehängt, entstehen keine Falten und Ausbeulungen an den Schultern des Pullovers.

Bettlaken falten

55

Mit ein bisschen Übung klappt das Zusammenlegen auch, ohne dass man das Bettlaken überhaupt vor sich ablegen muss.

1. Die Vorderseite des Bettlakens zeigt nach außen (von dir weg). Stecke die unteren Ecken auf links in die oberen.
2. Das Bettlaken ist mittig vorgefaltet. Nun ablegen, die Ränder gerade ziehen, damit ein Rechteck entsteht.
3. Die Seitenkanten zur Mitte falten.
4. Das Tuch noch einmal mittig zusammenfalten.
5. Den Streifen zusammenfalten.

Leere Klopapierrollen helfen, Kabel in Schachteln und Schubladen zu organisieren.

Unter Lifehackern sind leere Klorollen wegen ihrer Vielseitigkeit heiß begehrt (siehe auch Seite 18, 225 und 296)

56 Ordnung in der Kiste

57 BESSERER ÜBERBLICK

Klappt bei besonders tiefen Regalen auch in drei Reihen, mit zwei Schachteln unter der hintersten Reihe.

Wenn du Taschenbücher, CDs oder DVDs in einem tiefen Regal in mehreren Reihen aufbewahrst, lege eine Schachtel oder ein Buch unter die hintere Reihe, damit diese erhöht steht und du die Titel lesen kannst.

58 Geldschein-Klammer

Mit einer Vielzweckklammer kannst du ein Geldbündel zusammenhalten.

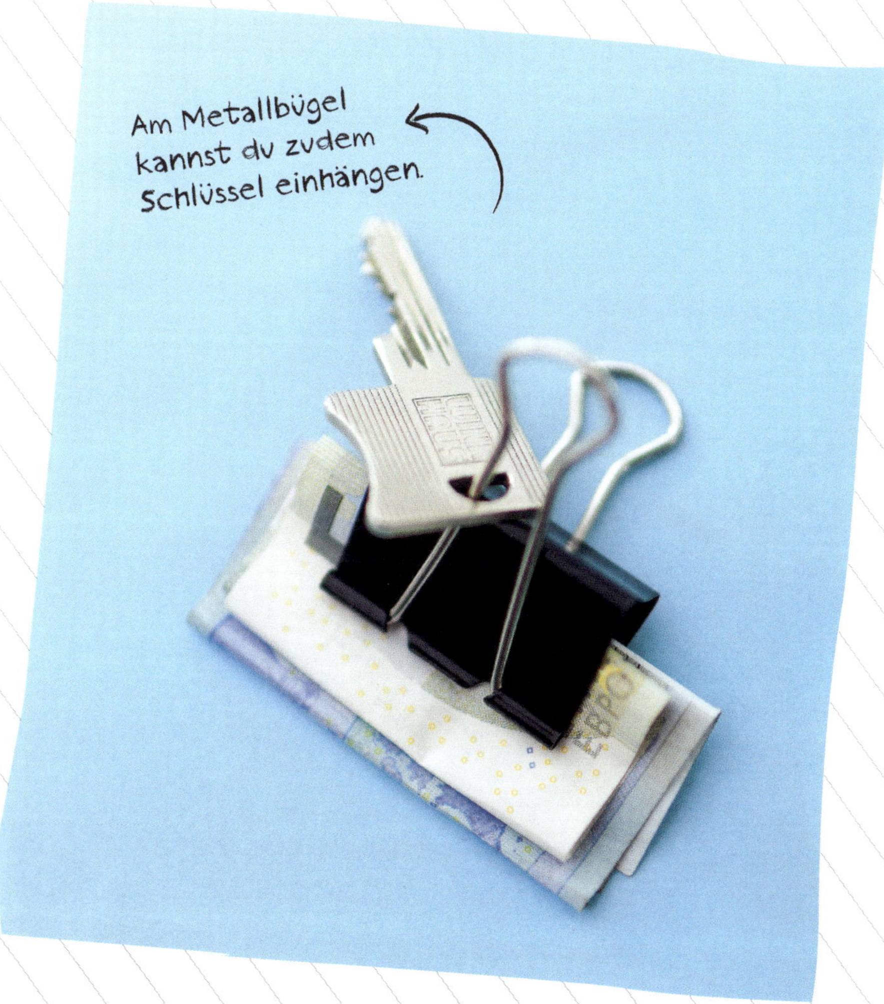

59 ZUSAMMENHALT

Nutze Brotbeutel-Clips als Kabelbinder.

60 Ladestation

Mit wenigen Schnitten wird aus einer Kunststoffflasche ein Halter fürs Mobiltelefon und andere Kleingeräte, die du mit dem Stecker des Ladegerätes direkt an der Steckdose anbringen kannst.

Auch für Stifte oder Schlüssel geeignet.

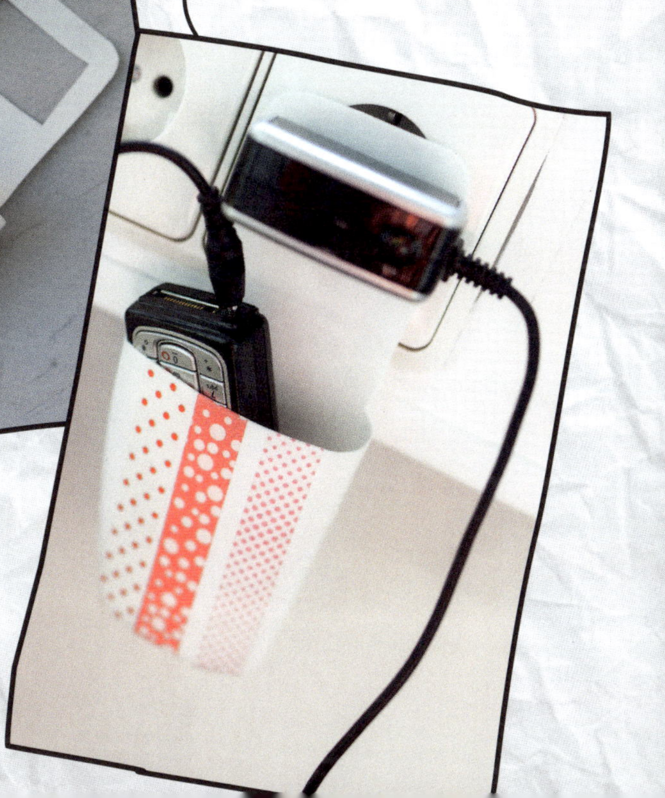

61 Kabel markieren

Dünne Kabel kannst du mit Kunststoffsteckperlen farblich markieren. Die Perlen an einer Seite mit einer Nagelschere aufschneiden. Zum Aufstecken mit der Scherenspitze etwas auseinanderdrücken.

Markiere beide Enden des Kabels mit derselben Farbe, dann kannst du die Stecker auch hinter dem Schreibtisch oder in Kabelbündeln zuordnen.

62 Sortierhilfe

Ein mehrfach gefaltetes Blatt Papier kann als Zwischenablage für Schrauben dienen, wenn du Möbel oder Geräte demontierst. Unterschiedliche Sorten von Schrauben können zudem mit Beschriftungen versehen werden.

63 Spaghetti aufbewahren

Eine leere Stapelchipsdose eignet sich zur Lagerung von Spaghetti.

Mit buntem Papier beklebt ist die Dose nicht nur praktisch, sondern auch dekorativ.

So sind die Tüten bei Bedarf schnell griffbereit.

64 Tüten aufbewahren

Dünne Kunststofftüten kannst du in einer ausgedienten Kosmetiktücherschachtel aufbewahren.

65 Tütenverschluss

Mit einem Flaschenverschluss lassen sich auch Tüten verschließen. Den Verschluss mit einem scharfen Messer abschneiden, die Tüte durchziehen und den Deckel aufschrauben.

Mit diesem Hakentrick kannst du auch Smartphones und Tablets an die Wand hängen, um zum Beispiel bequemer Videos zu schauen.

66

DECKELHALTER

Topfdeckel lassen sich mit selbstklebenden Garderobenhaken in eine Schranktür einhängen.

67 Dosenstapel

Ein Zeitschriftensammler eignet sich als Aufbewahrung für kleine Dosen. Lege ihn wie abgebildet hin und vergiss vorne die Sperre aus Holz, Draht oder Pappe nicht, damit die Dosen nicht herauspurzeln.

Mehrere Dosenständer nebeneinander ergeben besonders in tiefen Schränken ein wahres Platzsparwunder.

68 Tütentrick

Öffne Verpackungen, indem du einen schmalen Streifen der Verpackung am oberen Ende abschneidest. Diesen kannst du dann verwenden, um die Tüten zuzubinden.

69 Kühlschrank-körbe

Sortiere Lebensmittel im Kühlschrank in verschiedene Körbe und Kisten ein. So lassen sich beispielsweise alle Frühstücks-Utensilien mit nur einem Griff aus dem Kühlschrank nehmen.

So lässt sich der Kühlschrank auch schnell ausräumen und reinigen.

Kabelbinder auffädeln 70

Kabelbinder können zur Aufbewahrung auf einen Kabelbinder ohne Kopf aufgefädelt werden.

Einer für alle, alle für einen!

71 STIEFELSTÄNDER

Stiefel stehen aufrecht, wenn du leere Wasserflaschen hineinsteckst.

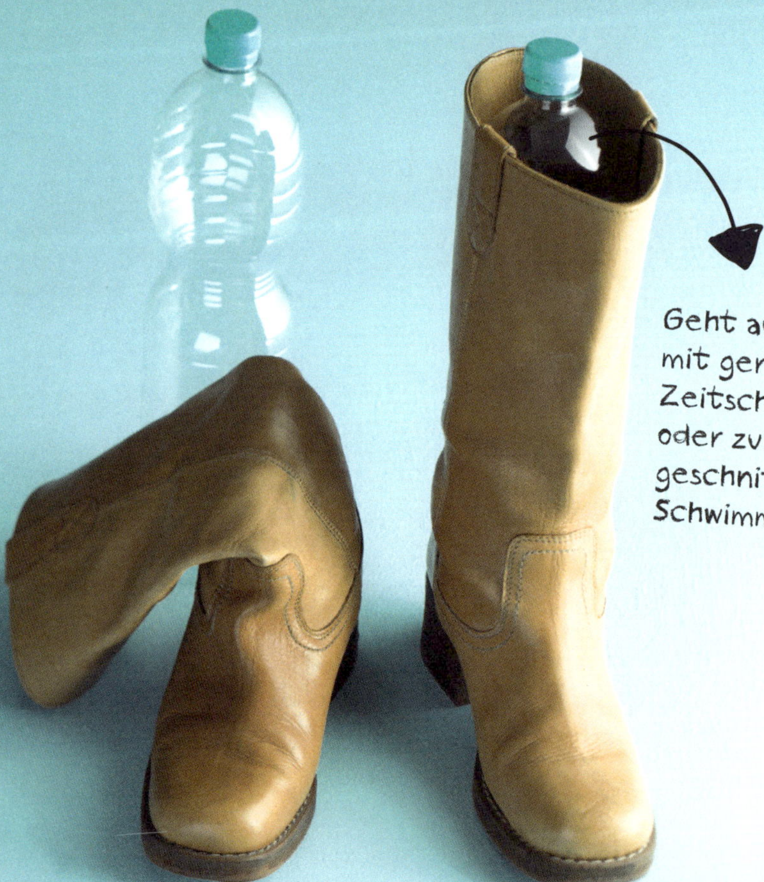

Geht auch mit gerollten Zeitschriften oder zurechtgeschnittenen Schwimmnudeln.

72 Besteck aufbewahren

Vertikal gelagertes Besteck belegt deutlich weniger Platz in der Schublade.

73 Zusätzlicher Stauraum

Ein Bücherregal, direkt über der Tür angebracht, bietet zusätzlichen Stauraum auch im kleinsten Zimmer.

Für extra viel Stauraum ein Regal mit mehreren Konsolen über die gesamte Zimmerbreite ziehen.

74

AUSFAHRBARE ABLAGE

Zusätzliche Ablagefläche in der Küche kannst du schaffen, indem du ein Schneidebrett auf eine geöffnete Schublade legst.

Lebensmittel, die viel Flüssigkeit abgeben, sollten hier nicht geschnitten werden, damit nichts in die Schublade läuft.

75 GESCHENK-BAND-KORB

Ein Kunststoffkorb mit langen Stäben darin hilft, Geschenkbandrollen zu organisieren.

So kannst du die Rollen gleichzeitig abwickeln und aufbewahren.

76 Messerblock

Befülle einen Becher dicht mit Holz-Schaschlikspießen, die spitze Seite zeigt nach unten. Dann die Küchenmesser hineinstecken.

Die Klingen werden geschützt und das Ganze sieht dekorativ aus.

77 TAFELGLÄSER

Ein Stück Tafelfolie auf einem Glas lässt sich mit dem aktuellen Inhalt oder einem Gruß an den Beschenkten beschriften.

Der Vorteil: Schnell abwischen und neu beschriften! Verwende Kreidestifte (flüssige Kreide). Die Farbe haftet besser als normale Kreide, lässt sich aber ebenso wegwischen.

78 Aufgewickelte Kopfhörer

Aufgewickelte Kopfhörerkabel kannst du mit einem kleinen Haarclip zusammenhalten, ohne dass sie sich verknoten.

Aufgewickelte Haare kannst du mit einem Kopfhörerkabel zusammenbinden.

Weißwein kühlt man mit gefrorenen Weintrauben.

Sommer und Sonne

79 TÜTENSCHUTZ

Am Strand lassen sich Smartphones oder andere technische Geräte vor Sand und Wasser in einem verschließbaren Plastikbeutel schützen.

Der Touchscreen funktioniert auch durch den Beutel hindurch.

80 Erdbeeren entstielen

Den Stiel von Erdbeeren kannst du leicht und sauber entfernen, indem du von unten einen Strohhalm durch die Frucht stichst.

Die aufgespießten Erdbeeren machen sich bestens als Cocktail-Dekoration.

81 Fruchtfliegen-Falle

Befülle eine Plastikdose mit Obstschalen und überspanne sie mit Klarsichtfolie. Nun stich mit einem Holzstäbchen ein paar Löcher in die Folie. Fertig ist die Fliegenfalle.

Die Fliegen krabbeln durch die Löcher zum Obst und finden nicht mehr heraus. Nach einigen Tagen kannst du die Folie draußen entfernen und die Fliegen vor der Tür aussetzen.

Auf diese Weise lassen sich auch dekorative und schmackhafte Mischgetränke herstellen.

Riesen-Eiswürfel 82

Fülle eine Flasche zu einem Drittel mit einem Getränk und friere sie liegend ein. Anschließend kannst du sie mit dem Rest des Getränks auffüllen. Du erhältst ein schnell gekühltes Getränk, das nicht verwässert ist.

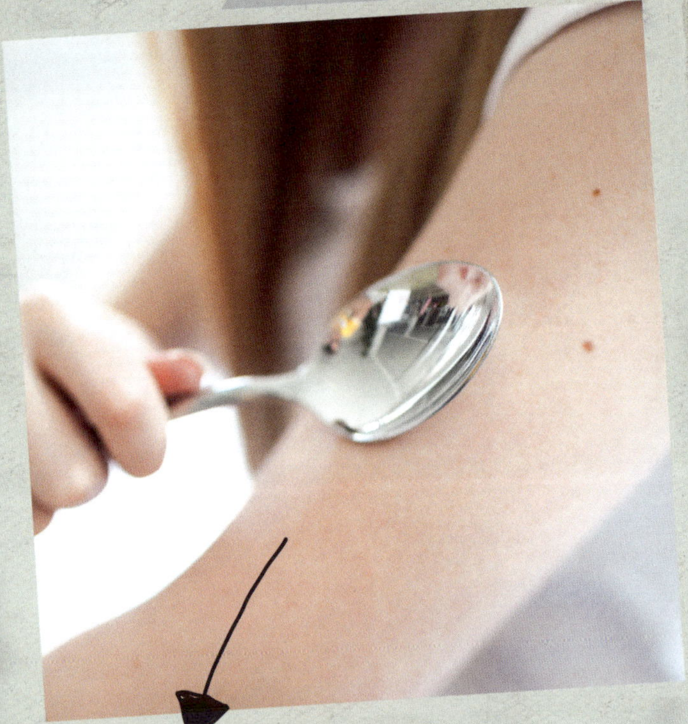

Am besten wirkt der Trick, direkt nachdem du den Stich bemerkt hast.

83 Jucken ade!

Das Jucken eines Mückenstichs kannst du behandeln, indem du einen kleinen Löffel unter heißes Wasser und anschließend auf die juckende Stelle hältst.

84 Eistrauben

Kühle Weißwein mit gefrorenen Weintrauben.

Ein erfrischendes Getränk, ein optisches Highlight und gesundes Obst in einem.

85 Dosenbier und Angelhaken

Aus dem Öffnerring einer Getränkedose kannst du mit zwei Schnitten einen Angelhaken improvisieren.

Die Dose Bier wirst du beim Warten auf den Biss dringend nötig haben.

86 FRISBEE-GOLF

Eine Klappbox oder ein Wäschekorb in einiger Entfernung aufgestellt, ist ein herausforderndes Ziel für Frisbee-Würfe. Wer schafft es mit den wenigsten Versuchen?

Mehrere Boxen mit Zahlen daran ergeben einen ganzen Frisbee-Golf-Platz.

87 Immer cremiges Eis

Ein wiederverschließbarer Plastikbeutel verhindert, dass Speiseeis im Eisfach hart wird.

Dadurch, dass das Eis im Beutel luftdicht verschlossen ist, friert es nicht kristallin ein, sondern bleibt schön cremig.

88 FLASCHEN-GEWÄCHSHAUS

Schneide den Boden einer Plastikflasche ab und stelle sie über eine Pflanze in einem Blumentopf.

89 BARFUSS-PEDALE

Um bequem barfuß fahren zu können, befestige mit Kabelbindern kleine Küchenschwämme auf den Pedalen deines Fahrrads.

Gleichzeitig werden die Fußsohlen beim Fahren von Sand, Erde oder Gras gereinigt.

90 Eisbomben

Friere kleine, mit Wasser gefüllte Ballons (Wasserbomben) ein, dann kannst du sie später als dekorative Kühlung für Getränke verwenden.

Den Ballon nur zu ca. zwei Dritteln befüllen, sonst geht er beim Gefrieren kaputt.

91 Smartphone-Halter

Eine Sonnenbrille umgekehrt und leicht geöffnet auf den Tisch legen und als Smartphonehalter verwenden.

Falls du die Sonnenbrille brauchst, ist es wahrscheinlich sowieso zu hell, um etwas auf dem Display zu erkennen.

Mit einem Laken für Doppelbetten kannst du ein Nest für die ganze Familie bauen.

92 Geschützt liegen

Ein Spannbettlaken und vier Taschen bilden eine geschützte Liegefläche. Auch praktisch am Strand als Wind- und Sandschutz.

93 Limetteneis

Fülle kleine Plastikbecher zu ca. zwei Dritteln mit Limonade und friere sie für zwei Stunden ein. Stecke Eisstiele durch Zitronen- oder Limettenscheiben und setze sie in den Becher. Etwas Abstand zwischen Scheiben und Eis lassen; es dehnt sich noch weiter aus. Weiter gefrieren.

Die Limettenscheiben verhindern, dass das Eis am Stiel heruntertropft.

94 Melone am Stiel

Schneide Segmente aus der Melone heraus und ritze an der Schale einen Schlitz, in den du einen Eisstiel steckst. Die Melonenstücke einfrieren – fertig ist das gesunde Eis ohne künstliche Zusatzstoffe.

Auch in den Geschmacksrichtungen Galia- und Honigmelone lecker.

95 REISSVERSCHLUSS-DOSE

Eine originelle Verpackung lässt sich aus zwei Böden von Kunststoffflaschen und einem Reißverschluss basteln. Für die Reißverschlusslänge den Umfang der Flaschen ausmessen. Dann die beiden Hälften der Dose mit dem Reißverschluss verkleben.

Nach Belieben kannst du noch Dekoband über den Reißverschluss kleben. Die Dose ist auch als Geschenkverpackung ein Hit!

96

Tropfschutz-mantel

Mache einen kleinen Schnitt in die Mitte eines Muffinbackförmchens und stecke ein Eis am Stiel hindurch.

97 Brillenhalter

Sonnenbrillen lassen sich bequem über einen Metall-Kleiderbügel hängen und so aufbewahren.

Funktioniert natürlich auch mit normalen Brillen.

98

KRONKORKEN-OHRRINGE

Du kannst die Kronkorken auch flachklopfen, dann sehen die Ohrringe noch kunstvoller aus. Zum Anbringen der Brisur dann kleine Löcher einstechen.

Erfrischung fürs Ohr: Zwei Kronkorken des Lieblingsgetränks lassen sich mit den Steckern von alten Ohrringen und ein wenig Heißkleber zu stylischen Unikaten umfunktionieren.

Sport und Spiel

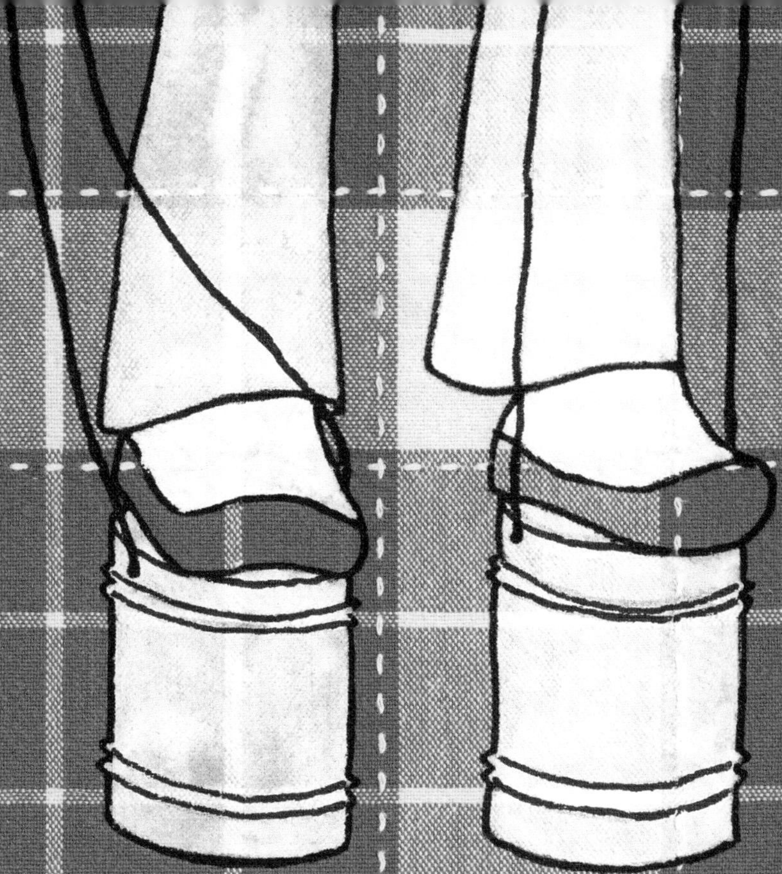

Aus zwei Konserven-dosen und zwei langen Schnüren lassen sich im Handumdrehen Stelzen bauen.

99 TROPFFREIER KÜHLPACK

Ein gefrorener, feuchter Schwamm in einem Kunststoffbeutel verhindert, dass der Kühlpack beim Schmelzen tropft oder ausläuft.

Der Schwamm schmiegt sich schön an die zu kühlende Stelle an.

100

TISCHTENNIS-BALL ENTBEULEN

Tischtennisbälle mit einer Delle vorsichtig mit dem Föhn erwärmen. Das Gas im Ball dehnt sich aus und drückt die Delle heraus.

Halte den Ball beim Föhnen gut fest. Wer hitzeempfindliche Finger hat, verwendet eine Küchenzange.

101 IM ZEITRAFFER

Du brauchst eine Kamera mit Zeitraffer-Funktion, einen Küchentimer, eine Stativschraube und Sekundenkleber. Klebe die Schraube mittig auf den Timer und schraube die Kamera auf. Platziere das Gerät dann an einem Ort mit gutem Rundumblick, drehe die Eieruhr auf maximale Laufzeit und startet die Zeitrafferaufnahme.

Einen Zeitraffer-Film vom Making-of des Buches findest du unter **www.trick17-podcast.de/eieruhraufnahmen**

102 Bleistift-Würfel

Würfel vergessen? Kein Problem: Viele Bleistifte haben sechs Seiten – wie Würfel. Beschrifte die Seiten mit Punkten oder Zahlen, dann kannst du mit dem Bleistift würfeln.

Zum Würfeln den Bleistift auf den Tisch legen und mit dem Finger schnipsen oder zwischen die Handflächen nehmen und mit einem Wisch auf den Tisch rollen.

103 Reise-Würfelspiel

Gut geeignet für lange Autofahrten oder Spielrunden im Freien.

Damit die Würfel unterwegs nicht herunterfallen, verpacke sie in eine kleine, transparente Frischhaltedose. Zum Würfeln die Dose schütteln und die Würfel auf den Deckel fallen lassen.

Wenn du die Schnur durch leichten Zug nach oben spannst, hast du eine stabile Kameraposition und kannst zudem frei zu den Seiten schwenken.

104 Hosentaschen-Stativ

Aus einer Stativschraube und einer stabilen Schnur kannst du ein Stativ für die Hosentasche bauen. Stell dich breitbeinig auf die Schnur. Die beiden Enden müssen bis zu der Höhe reichen, auf der du fotografieren möchtest. Die Enden an die Schraube knoten. Die Schraube in das Stativgewinde der Kamera drehen.

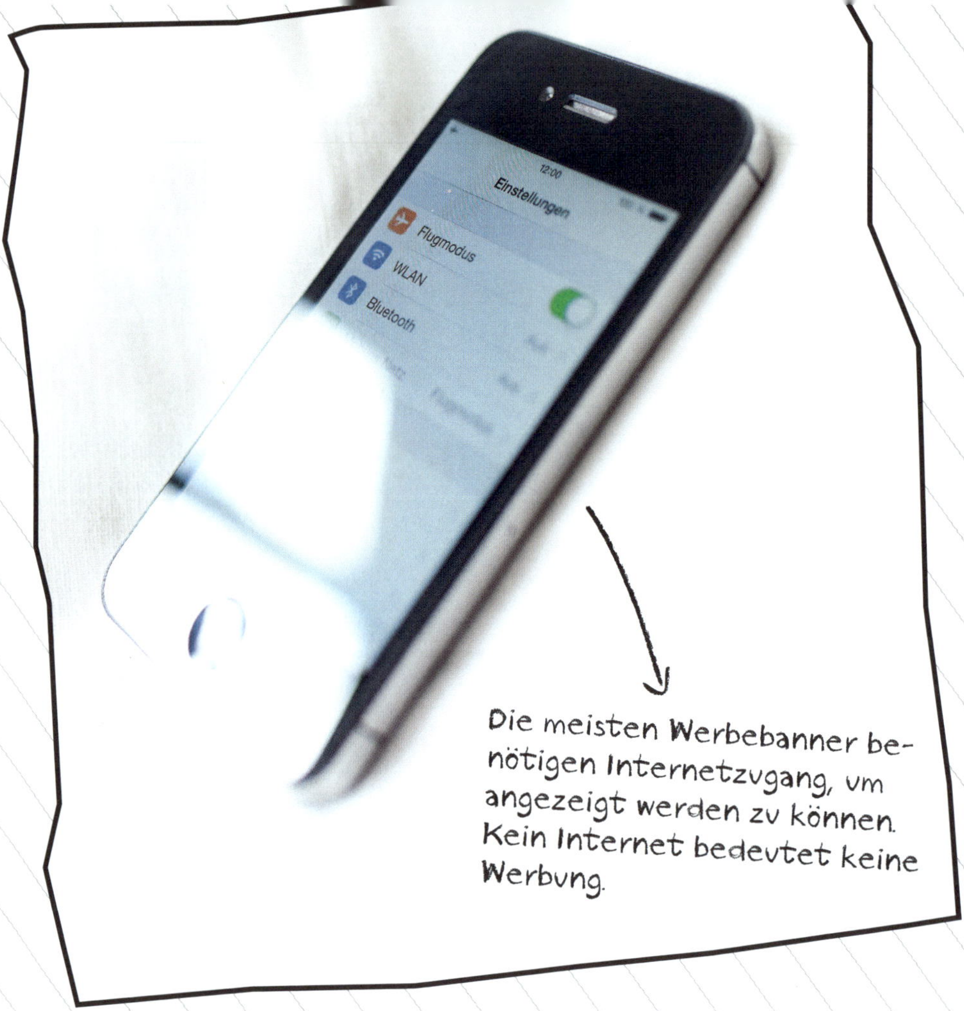

Die meisten Werbebanner benötigen Internetzugang, um angezeigt werden zu können. Kein Internet bedeutet keine Werbung.

105 Werbeblocker

Wenn du Spiele auf dem Smartphone ohne Werbeeinblendungen spielen möchtest, schalte es in den Flugmodus.

106 Becherkanone

Schneide mit dem Cutter den Boden von einem Pappbecher ab. Verknote einen Luftballon und schneide ihn in der Mitte durch. Stülpe den Luftballon dann über die untere Öffnung des Bechers und fixiere ihn mit Klebefilm. Durch Zug am Knoten kannst du leichte Dinge wie Popcorn, Erdnussflips oder Marshmallows aus dem Becher schießen.

Wer schießt am weitesten?
Wer trifft ein Gefäß mit
den wenigsten Versuchen?

Wettbewerbs-Idee:
Wer baut den
höchsten Turm?

107 MARSHMALLOW-SKULPTUREN

Aus Marshmallows und Zahnstochern oder Schaschlikspießen lassen sich witzige Männchen und kunstvolle Gebilde anfertigen.

BALLONRAKETE

108

Spanne einen Faden durch den Raum und fädle einen Trinkhalm auf. Dann befestige mit Klebefilm einen aufgeblasenen, aber nicht verknoteten Luftballon am Trinkhalm. Lässt du nun die Luft aus dem Ballon entweichen, schießt der Luftballon an der Schnur entlang durch den Raum.

Durch den Luftstrom kann der Ballon auch Steigungen überwinden und sogar senkrecht starten.

Achte auf stabile Schnur und dicke Knoten, damit die Schnur beim Herumlaufen nicht reißt.

109 Dosenstelzen

Aus zwei großen Konservendosen und zwei langen Schnüren kannst du Stelzen basteln. Einfach nahe am Dosenboden zwei einander gegenüberliegende Löcher in die Dosen schlagen oder bohren, die Fäden durchführen und gut verknoten.

110 Geheimtinte

Zitronensaft eignet sich als Geheimtinte auf Papier. Die Botschaft lässt sich über einer Kerze oder durch Bügeln entschlüsseln.

Kinder sollten nicht allein mit Kerzen oder dem Bügeleisen hantieren.

111 Rasenspaß

Mit bunten Sprühfarben für die Haare kannst du ein Spielfeld auf den Rasen zeichnen.

Auch Brettspiele können so auf den Rasen gesprüht werden. Ein großes Loch in ein Stück Pappe geschnitten kann als Sprühschablone dienen.

112 Murmelgolf

Aus Pappe, buntem Papier und dem Deckel einer Deoflasche lässt sich eine Minigolf-Bahn bauen. Das Fähnchen an eine eng aufgewickelte Papierrolle oder ein Holzstäbchen kleben. Geschnipst wird die Murmel mit dem Finger. Wer kommt mit den wenigsten Versuchen ans Ziel?

Für ein noch echteres Golf-Gefühl kann man die Murmel statt mit dem Finger auch mit einem Kochlöffel abschlagen.

Als Bowlingkugel dient ein normaler Ball. So kannst du auch Fußballbowling spielen.

113 FLASCHEN-BOWLING

Kleine Kunststoffflaschen mit Wasser und Lebensmittelfarbe füllen, fertig sind die Kegelfiguren.

114 Murmel-Gemälde

Ein Blatt Papier in einen Schuhkarton-Deckel kleben, Farbe auf das Blatt klecksen und einige Murmeln in den Deckel legen. Durch Hin- und Herschwenken des Deckels entstehen fantasievolle Unikate.

Angeblich hat Picasso auch auf diese Art gemalt.

115 Eisstiel-Puzzle

Klebe ein Foto auf Eisstiele und schneide es mit einem scharfen Messer in Streifen. – Fertig ist ein einfaches Puzzle mit persönlichem Charme.

Wenn du auf beiden Seiten der Stiele Fotostreifen aufklebst, wird das Spiel etwas schwieriger.

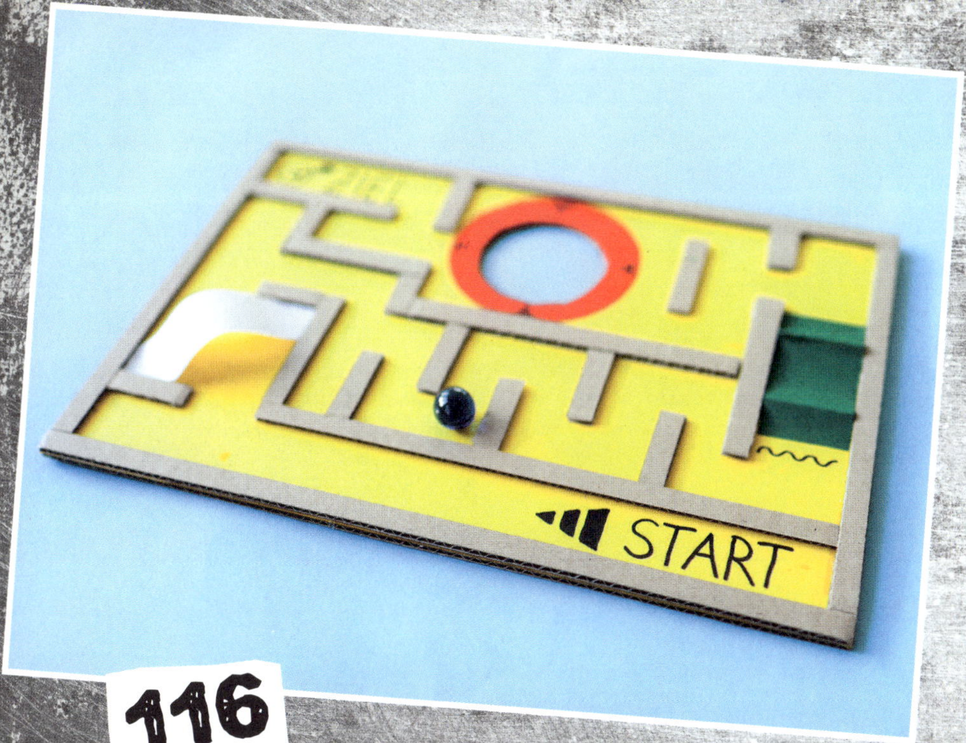

116

MURMEL-LABYRINTH

Mit Pappe, Fotokarton, Kleber, einer Murmel und etwas Fantasie lässt sich ein schönes Geschicklichkeitsspiel basteln.

Als Hindernisse kannst du auch Strohhalme aufkleben.

117 Kartoffel-Stempel

Halbiere eine Kartoffel und drücke eine Ausstechform in die Schnittkante. Nun schneide seitlich in die Kartoffel bis an die Form heran. So lässt sich schnell ein witziger Stempel für Kinder anfertigen.

Stempel-Motive kannst du auch aus Moosgummi ausschneiden und auf Holzklötzchen kleben. Solche Stempel sind langlebiger als die Kartoffel-Variante.

118 Frische Schuhe

Ein trockener Teebeutel über Nacht in einem müffelnden Schuh entfernt den Geruch.

Auch Katzenstreu wird nachgesagt, die Feuchtigkeit und den Geruch aus Schuhen entfernen zu können. Einfach in ein Stück Nylonstrumpf füllen, verknoten und mindestens eine Nacht im Schuh lassen.

119

EISSTIEL-PFEIFE

Durch Pusten zwischen die Eisstiele wird das Gummiband in Schwingung versetzt und erzeugt einen pfeifenden Ton.

Klebe zwei Papierstreifen um einen Eisstiel. Spanne ein Gummiband über einen zweiten Stiel (hier unten liegend) und lege beide Eisstiele aufeinander. Befestige alles mit Klebeband oder zwei Gummibändern an den Seiten.

120 Geschirrtuch-Spiel

Male mit Filzstift ein Schachbrett auf ein kariertes Geschirrtuch. Verschiedenfarbige Steine dienen als Spielsteine.

Wenn du nach dem Spielen das Tuch zu einem Säckchen zusammenraffst und mit einer Kordel verknotest, hast du zugleich einen praktischen Beutel für das Spiel.

121 Monsterspray

Dekoriere eine Sprühflasche mit Bildern und Schrift und fülle sie mit Wasser.

Kindern, die nach einer Gruselgeschichte Angst vor bösen Hexen und Monstern haben, kannst du mit diesem Schutzspray wieder Mut machen: Einfach in dunkle Ecken oder auf das Kopfkissen sprühen.

122 Wohnzimmer-Hickelkasten

Mit Kreppklebeband lässt sich auch in der Wohnung ein Spielfeld auf den Fußboden kleben.

Wieder einen Schritt näher am Preis „Coolste Eltern der Welt".

123 Karten-Schach

Ein Satz Rommé-Karten lässt sich als Schachfiguren verwenden. Das Spielfeld in ausreichender Größe auf ein Stück Packpapier aufmalen (8 x 8 Kästchen).

Gespielt wird Rot gegen Schwarz. Für Bauern niedrige Zahlen, für Türme die Asse, für Springer die 10er, für Läufer die Buben und für die Damen die Königinnen verwenden. Der Karten-König bleibt auch beim Schachspiel König.

124 Tisch-Hängematte

Einen großen Überwurf unter einem Tisch spannen und oben zusammenknoten. Fertig ist die Hängematte für Kinder.

Achte auf einen stabilen Stoff!

125 PORTABLES HUFEISENWERFEN

Eine Schraube (oder einen Nagel) mittig durch den Boden eines Holzkästchen drehen. Geworfen wird mit großen Unterlegscheiben. Ziel ist es, die Scheibe auf die herausragende Spitze zu werfen.

Wer nur in den Kasten trifft, bekommt einen Trostpunkt.

126

Outdoor-Riesenspiel

Mit Papptellern kannst du auf Betonwegplatten spielen.

Auf die Pappteller lassen sich auch Schachfiguren zeichnen.

Urlaub und Reisen

Ein buntes Stück Stoff am Griff des Koffers hilft beim schnelleren Erkennen auf dem Gepäckband.

127 Firestarter

Mais- oder Tacochips dienen im Notfall als Anzündhilfe für ein Feuer.

Die gesalzenen Chips funktionieren übrigens ebenso gut wie die, auf deren Verpackung „Hot" steht.

128 Flaschenlampe

Die Flasche streut das Display-Licht in alle Richtungen.

Notbeleuchtung für unterwegs: Getränkeflasche mit transparentem Inhalt auf das Display des Smartphones stellen.

129 TRANSPORT-KÖRBCHEN

Mit einem Träger für Bierflaschen kannst du ein kleines Picknickkörbchen improvisieren.

Eignet sich übrigens auch, um Dekorationsgegenstände, wie Blumenvasen und Windlichter für Gartenpartys zu transportieren.

130 Outdoor-Küchenzeile

Schnalle einen Gürtel um einen Baum und hänge einige S-Haken an den Gürtel. Daran kannst du Töpfe und Pfannen aufhängen, wenn du draußen kochst.

Auf diese Weise kannst du auch Gartengeräte aufbewahren.

Sehr praktisch: Ein witterungsresistenter Klopapierspender für den Campingurlaub.

131 Klopapier-Dose

Eine verschließbare Kunststoffdose an der Seite mit einem Schlitz versehen. Ein Loch in Deckel und Boden bohren und eine feste Schnur hindurchziehen.

132 LAGERFEUER-ANZÜNDER

Mit Kerzenwachs getränkte Wattepads sind ein praktischer und preisgünstiger Kaminanzünder.

Sammle die Stumpen von abgebrannten Kerzen, um sie später einzuschmelzen.

133 Trockene Streichhölzer

Bewahre Streichhölzer unterwegs in kleinen Kunststoffbehältern auf, um sie vor Feuchtigkeit zu schützen.

Streichhölzer erhältst du in den meisten Lokalen gratis.

134 Kaffeebeutel

Aus Kaffeefiltern und etwas Küchengarn oder Zahnseide lassen sich Kaffeebeutel für unterwegs vorbereiten.

Gelingt natürlich auch mit Teefiltern und deinem losen Lieblingstee!

135
KNITTERFREI

Falls der Kragen schon zerknittert ist, kannst du ihn mit einem Glätteisen glätten (siehe Seite 233).

Damit der Hemdkragen beim Transport in einem Koffer oder einer Tasche aufrecht und knitterfrei bleibt, rolle einfach einen breiten Gürtel auf und lege diesen in den Kragen.

136 Deckellöffel

Falte den Deckel deines Puddings oder Joghurts, um einen Löffel zu improvisieren. Mit dem Daumen die Löffelkelle markieren und den hinteren Bereich zu einem schmalen Stiel falten. Die Löffelkelle durch Zurückfalten der Ränder ausformen.

So kannst du auch unterwegs einen Nachtisch genießen.

137 Gläser in Socken

So weißt du beim Umzug nicht nur, dass die Gläser ganz bleiben, sondern auch, wo die Socken sind.

Stecke Gläser und Flaschen in Socken, um sie beim Transport zu schützen.

Fotografisches Gedächtnis 138

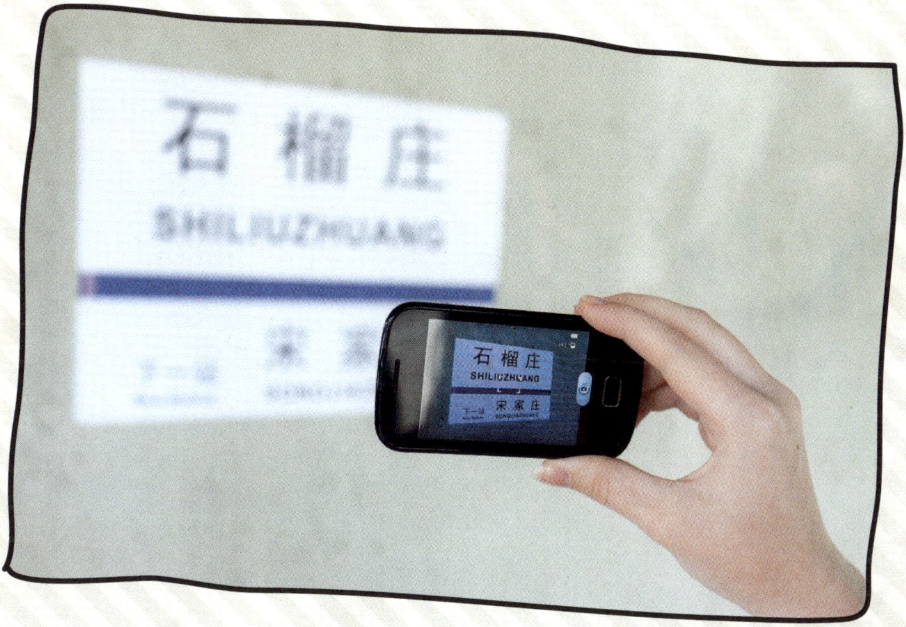

In Ländern mit fremden Schriftzeichen hilft ein Foto der U-Bahn-„Heimatstation", um den Weg zurückzufinden.

Kann man die Zeichen nicht wiederfinden, hilft bestimmt ein freundlicher Bewohner der Stadt.

139 Knitterfreie Sakkos

Ein Sakko bleibt faltenfrei und vor Schmutz geschützt, wenn du es mit der Innenseite nach außen glatt zusammenlegst.

Packe das Sakko am besten in den Kofferdeckel. Im Kasten ist meist das Trolleygestell integriert und die Kleider verknicken.

140 Immer griffbereit

Auch geeignet für Schmuck oder (Auto-)Schlüssel.

Kleine Kabel und Geräte kannst du unterwegs in einem Brillenetui aufbewahren, damit sie nicht verlorengehen.

141 DER RICHTIGE GRIFF

Gelingt mit allen Taschen, die einen Henkel oder Gurt haben.

Um im Zug, im Bus oder beim Relaxen im Freien zu verhindern, dass ein vorbeilaufender Dieb deine Tasche klaut, stecke einfach ein Bein oder einen Arm durch eine der Griffschlaufen.

142
BLUMENDIENST

Eine Wanne voller Wasser und Wollfäden versorgt die Pflanzen im Urlaub mit Wasser. Durch die Kapillarkraft wird das Wasser durch den Faden in den Topf befördert.

143 Getränkehalter

Bei der Lagerung von Heißgetränken mit dieser Methode könnte sich intensiver Fußgeruch im Fahrzeuginneren ausbreiten.

Nimm einen Schuh und stelle ihn in Fahrtrichtung in den Fußraum des Autos. So kannst du Flaschen oder Becher im Schuh stabil lagern, ohne dass sie während der Fahrt umkippen.

144 Laden per USB

Wenn du ein USB-Kabel, aber kein Ladegerät für ein Handy oder Tablet dabei hast, kannst du es im Hotel meist am LCD-Fernseher aufladen.

Die gängigsten Streaming-Programme gibt es auch ganz klassisch auf dem Fernseher.

145 Gepäckmarkierung

Ein buntes Stoffband am Griff des Koffers hilft beim schnelleren Erkennen auf dem Gepäckband.

Denselben Effekt erzielst du mit bunten Koffergurten. Diese kannst du nach Belieben noch mit wasserfesten Stiften bemalen.

146

Frische Koffer

Vermeide unangenehmen Koffergeruch an der Kleidung mit Trocknertüchern.

So weht einem im Urlaub die Meeresbrise schon aus dem Koffer entgegen.

Taschen-rucksack

147

Auch Sporttaschen mit zwei Henkeln lassen sich als Rucksack tragen.

Eine Tasche, die einen Schultergurt und Tragegriff hat, kannst du mit wenigen Handgriffen in einen Rucksack umwandeln.

Der Trick funktioniert nach einer Weile auch, wenn du dir die Hände nur vorstellst.

148 LINKS UND RECHTS UNTERSCHEIDEN

Beide Hände vor sich ausstrecken und Daumen und Zeigefinger abspreizen. Die Finger der linken Hand bilden ein „L“.

149 Dichte Shampooflaschen

Angefangene Shampoo- und Duschgelflaschen kannst du für den Reisetransport mit einem Stück Klarsichtfolie vor dem Auslaufen sichern. Den Deckel abziehen und ein Stück Folie über die Öffnung legen. Dann den Deckel wieder aufsetzen.

Unterwegs lassen sich aus einer dünnen Plastiktüte (von Obst und Gemüse) Stücke reißen oder schneiden.

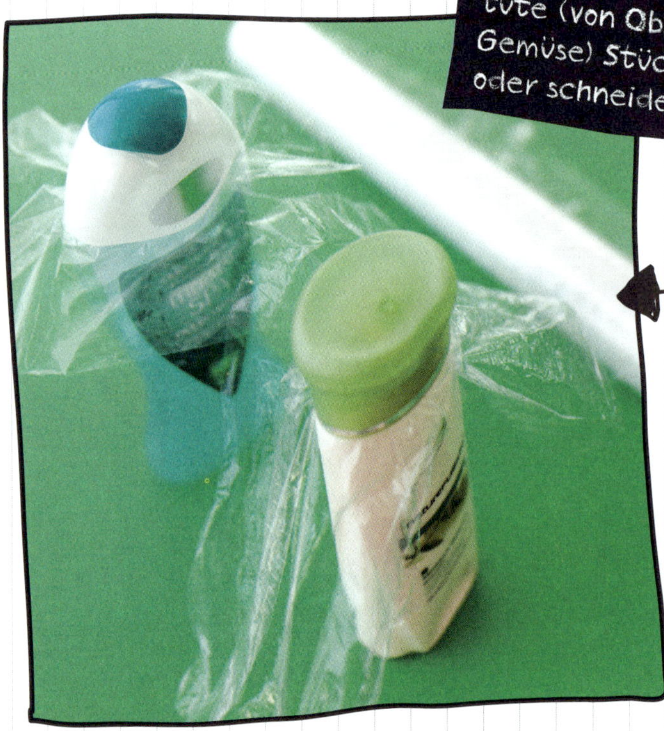

150
Knopf am Ohrring

Selbstgebastelte Ohrringe (siehe Seite 111) lassen sich auch direkt mit Knopf verschenken.

Fädle Ohrringe nach dem Tragen in einen Knopf ein, dann bleiben sie bis zum nächsten Mal sicher beisammen.

151 KLAMOTTEN ROLLEN

Aufgerollte Kleidung nimmt weniger Platz weg als zusammengelegte.

Die Shirtrollen sind außerdem leichter im Koffer zu finden und einfacher zu entnehmen.

Anhand des L und R auf den Deckeln des Behälters lassen sich verschiedene Cremes auch auseinanderhalten.

Eine Reiseportion von Salben und Cremes lässt sich in einem ausgedienten Kontaktlinsenbehälter aufbewahren.

152 Cremedöschen

153 Lackiert und fixiert

Transparenter Nagellack auf einen Knopf aufgetragen verhindert, dass sich dieser löst.

Klappt auch mit einem Tropfen Flüssigkleber.

154 Schmutzfang

Eine Duschhaube trennt die Kleidung im Koffer von den Schuhen.

In vielen Hotels gibt es Duschhauben kostenlos. Falls sie nicht bereits im Bad liegen, einfach an der Rezeption nachfragen.

155 Rasiererkappe

Wie ein stumpfer Rasierer wieder scharf wird, erfährst du auf Seite 38.

Klemme eine große Vielzweckklammer über den Kopf eines Nassrasierers, um diesen auf Reisen zu schützen.

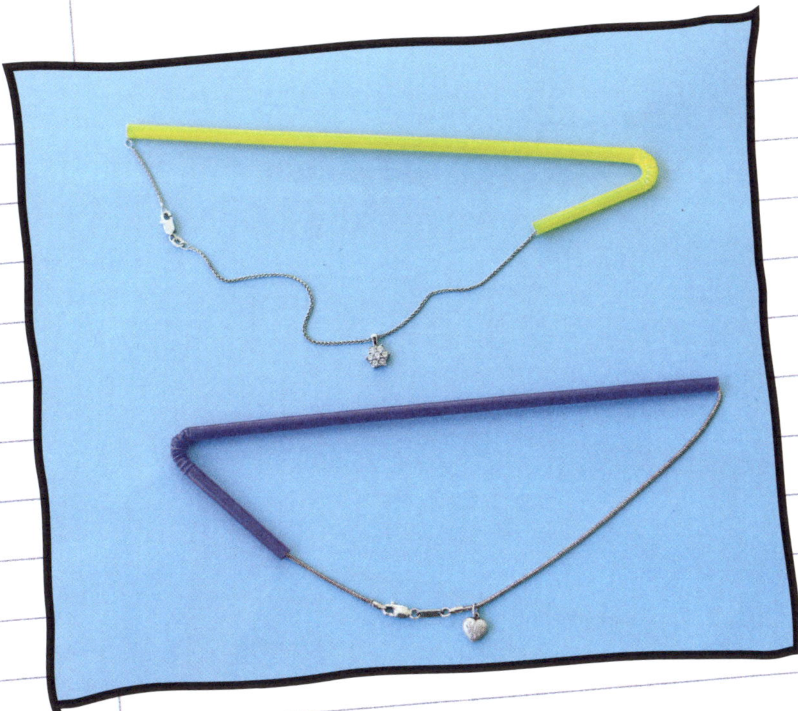

156 Ketten-Röhrchen

Fädle eine dünne Halskette durch einen Strohhalm, dann kann sich die Kette beim Transport nicht mehr so leicht verknoten.

Für Ketten mit etwas dickeren Verschlüssen eignen sich Cocktail-Strohhalme.

157

Nach dem Weg fragen

Auch Taxifahrer sind gute Ansprechpartner.

Um unterwegs nach dem Weg zu fragen, sind Pizzalieferanten eine gute Adresse.

158 KOCHEN MIT DER KAFFEEMASCHINE

Noch Hunger? Dann koch dir doch noch eine Portion Nudeln in der Kaffeemaschine.

Im Notfall kann man unterwegs mit einer Kaffeemaschine Eier kochen. Die Eier in die Kanne legen, mit heißem Wasser überbrühen und 8 – 10 Minuten ziehen lassen.

Gäste und Party

Mit Nelken gespickte Zitronenhälften vertreiben Mücken.

159 STEHENDE TÜTEN

Zu wenig Schalen für eine Party mit Chips oder Flips? Keine Lust, große Schüsseln abzuspülen? Hier der Tütentrick.

1. Die Tüte öffnen und den Rand einrollen.

2. Die unteren Ecken nach innen stülpen und gleichmäßig aufrollen.

3. Der Inhalt hebt sich servierfreundlich nach oben und die Tüte steht wie eine Eins.

Auch für alle Frühstücksmüsli-Fans geeignet!

160

Smartphone-Verstärker

Leg dein Smartphone oder deinen MP3-Player in eine Schale oder Schüssel. Dadurch wird die Lautstärke der internen Lautsprecher verstärkt.

161 Tropfenfänger

Aus einer Kunststoffflasche lässt sich mit ein paar Schnitten mit Schere oder Cutter ein Tropfenfänger für Fässer und Getränkespender basteln.

162

Dips servieren

Muffinbleche eignen sich auf Partys zum Servieren verschiedener Dips, Soßen oder Knabbereien.

So lassen sich auch Zutaten für den Belag von Hamburgern auf einem Blech bereitstellen.

163 Auf Tuchkühlung

Wickle eine Flasche in eine feuchte Papiertüte oder ein Papiertuch und lege diese in den Kühlschrank.

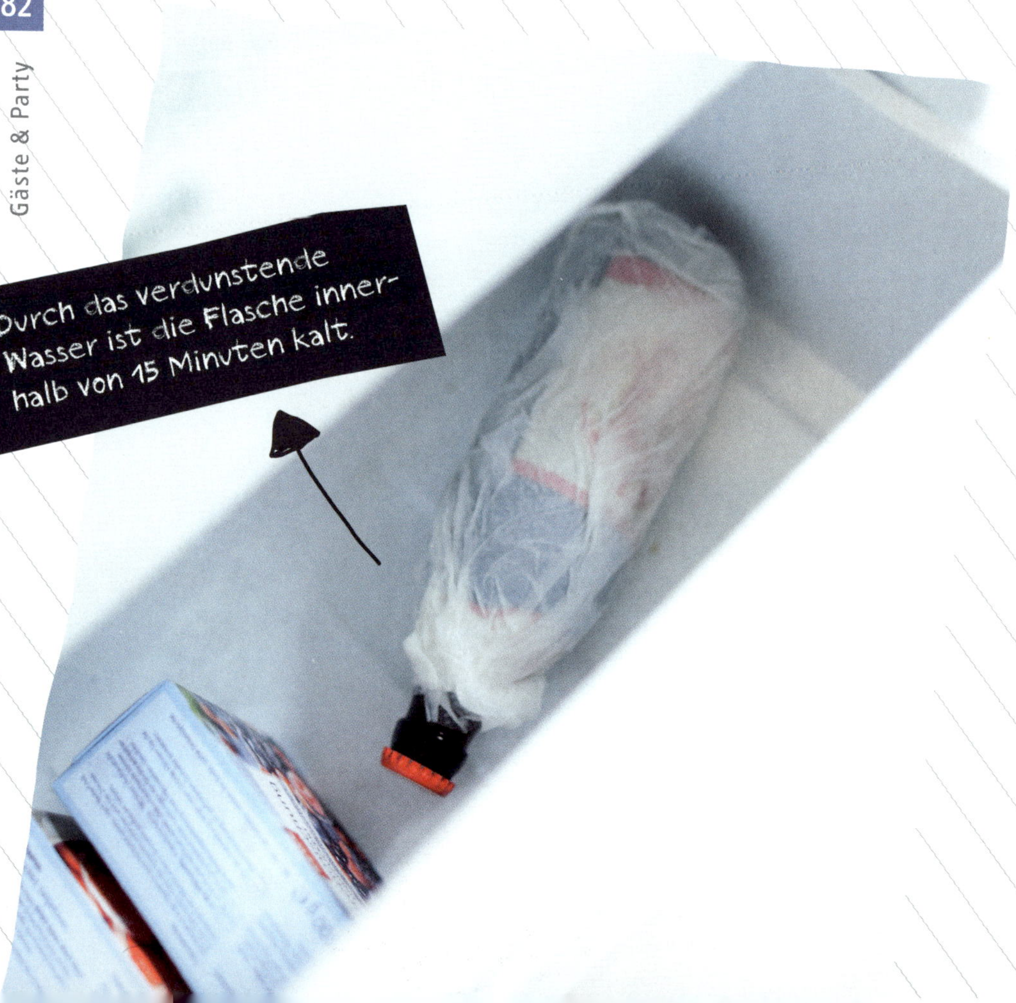

164 Bierstopper

In Kühlschränken mit Gitterböden lassen sich liegende Getränkeflaschen mit einer Vielzweckklammer vor dem Wegrollen sichern.

So ist auch noch genug Platz für eine Schüssel Nudelsalat.

165 Farbenfroh kühlen

Eine Glasschale, Knicklichter und Eis bieten buntes, stimmungsvolles Licht für die abendliche Getränkeauswahl. Die Knicklichter auf den Gefäßboden legen und mit Eis bedecken.

So lassen sich die Getränke-Etiketten auch bei dämmrigem Licht entziffern.

Wenn die Schälchen leer sind, verwandelt sich die Paprika in einen zusätzlichen Snack.

166 Paprikaschälchen

Dips und Saucen in ausgehöhlten Paprikas verschönern das Gemüsebuffet.

167 Melonenschale

Mit einem Kugelausstecher, einer Melone und weiterem Obst kannst du das Highlight für jede Party zaubern.

An heißen Sommertagen kannst du gefrorene Melonenkugeln als Eiswürfelersatz servieren.

168

KORKENZIEHER AUS DER WERKSTATT

Zum Herausziehen der Schraube kannst du auch einen Zimmermannhammer verwenden.

Eine Schraube in den Korken drehen und mit einer Zange herausziehen.

169 Last-Minute-Girlande

Das Papier ziehharmonikaartig falten, eine Form ausschneiden und darauf achten, dass an den beiden Kanten Verbindungen erhalten bleiben.

Aus dünner Tapete, Geschenkpapier oder einer Papiertischdecke kannst du besonders lange Girlanden anfertigen.

Strohhalm-Wimpel

170

Mit Strohhalmen und zwei langen Fäden lässt sich im Handumdrehen eine dekorative Girlande erstellen. Die Strohhalme auf einen Faden fädeln. Dann jeweils zwei Strohhalme auf den zweiten Faden fädeln und zwischen zwei Halme des ersten Fadens knoten.

Wenn du die Strohhalme in kürzere Stücke schneidest, kannst du eine Vielzahl weiterer Formen anfertigen.

171 BECHER-LICHTERKETTE

Aus Einwegtrinkbechern werden Lampenschirme. Einfach Schlitze in den Boden schneiden und auf die Birnen einer Lichterkette stecken.

So wird aus der Weihnachtsdekoration im Handumdrehen eine stylische Partybeleuchtung.

172

Mückenschreck

Mit Nelken gespickte Zitronenhälften vertreiben Mücken auf jeder Grill- und Gartenparty.

Gesünder und natürlicher geht's nicht!

Lass den Eisblock vor dem Zerteilen einige Minuten antauen und tauche das Messer in heißes Wasser.

173 Fruchteis am Stiel

Für die gesunde Erfrischung auf Kinderpartys bereite Fruchteis in der Kastenbackform vor. Bis zu 1 kg pürierte Früchte passen in die Form. Die Backform mit Frischhaltefolie auslegen, mit Fruchtpüree füllen und ins Gefrierfach stellen. Nach einer Stunde Holzstiele hineinstecken. Noch zwei Stunden gefrieren lassen, dann mit einem großen Küchenmesser portionieren.

174 Kochen in der Kühlbox

Gemüse und/oder Würstchen in große, verschließbare Gefrierbeutel geben und dann in einer Kühlbox mit kochendem Wasser übergießen und ziehen lassen. Auf diese Weise kannst du große Mengen zubereiten.

Die Speisen kannst du gekühlt in Beuteln in der Box transportieren und dann am Zielort mit heißem Wasser erwärmen.

175 EISCREME SERVIEREN

Um auf einer Party große Mengen Eis zu servieren, schneide den Becher oder die Schachtel mit einem scharfen Messer in Scheiben. So hast du gleich große und formschöne Portionen.

Für Eis-Sandwiches lege die Eisscheiben zwischen Kekse oder – auch sehr lecker! – frische Waffeln.

So findet jeder sein Glas wieder. Das spart nicht nur Abwasch, sondern schont auch die Umwelt.

176 Personalisierte Gläser

Beschichte die Füße der Weingläser mit Tafellack. Auf der Party kann jeder Gast mit Kreide seinen Namen auf das Glas schreiben.

177 Teig-Schüsseln

Auf einer umgedrehten Muffinform kannst du Teigfladen zu kleinen Schüsselchen backen, die mit Salat oder Taco-Zutaten befüllt werden können.

Für 12 Förmchen aus 500 g Maismehl, 190 ml Wasser, 3 EL Öl, 1 TL Backpulver umd 1 TL Salz einen geschmeidigen Teig kneten. In Klarsichtfolie wickeln und 30 Minuten im Kühlschrank ruhen lassen, dann 12 gleich große Kugeln formen und auf einer bemehlten Arbeitsfläche dünn ausrollen. Bei 180 °C ca. 10–15 Minuten backen, bis sie goldbraun sind.

178 SNACK-TÜTEN

Rolle ein A5-großes Blatt Papier spitz zusammen, sodass eine Tüte entsteht, und fixiere diese mit Klebeband.

Etwa 2 cm große Löcher im Deckel eines Pappkartons ermöglichen ein einfaches Befüllen und Servieren der Tüten, ohne dass diese umfallen.

Schoko-Kiwi-Lollies

179

Kiwischeiben auf Eisstiele stecken und mit Kuvertüre überziehen.

Klappt auch mit anderem Obst, wie Bananenscheiben oder Erdbeeren.

Party-Brot 180

Schneide einen Brotlaib an der Oberseite tief ein. Fülle die Zwischenräume mit etwas Butter, Käsescheiben und Frühlingszwiebeln und backe das Brot bei 180 °C im Backofen, bis der Käse geschmolzen ist.

Der Käse und die Butter sollten etwas tiefer im Brotlaib stecken, damit man die Käse-Brot-Stifte nachher an der Kruste herausziehen kann.

181 BALLON-VASEN

Für eine farbenfrohe Minivase schneide das Mundstück vom Luftballon ab und stülpe den Ballon von unten über ein Schnapsglas.

Für große Gläser brauchst du große Luftballons. Puste den Ballon einmal auf, bevor du ihn zerschneidest, dann ist er flexibler.

182

HEISSLUFT-MUFFIN

Für diesen schnellen Geburtstagskuchen befestige Geschenkband seitlich an einem Helium-Luftballon. Dann das Geschenkband am Papier des Muffins befestigen.

183 Becherbox

Einen Pappbecher gleichmäßig am oberen Rand einschneiden und umfalten. Die Streifen untereinander stecken. Fertig ist die kleine Geschenkbox.

Schneide den gefalzten Rand vorher ab. Die Länge der Einschnitte entspricht der Hälfte des Becherdurchmessers.

Mit bunten Streuseln sehen die Löffel noch mehr nach leckeren kleinen Kunstwerken aus. Die Streusel auf die flüssige Schokolade geben.

184

PARTY-LÖFFEL

Schmelze Schokolade langsam im Wasserbad und gieße sie in geschmolzenem Zustand vorsichtig in Plastiklöffel. Im Kühlschrank zwei Stunden aushärten lassen.

185

Flaschen-Kerzenständer

Leere Weinflaschen eignen sich hervorragend als dekorative Kerzenständer.

Besonders hübsch sieht es aus, wenn mit der Zeit das Wachs mehrerer Kerzen an den Flaschen herunterge-laufen ist.

186 Muffinschirmchen

Durchbohre Muffinförmchen von unten mit Strohhalmen und nutze sie als Insektenschutzschirme für Getränke.

Auf die Schirmchen können die Gäste ihre Namen schreiben und somit ihre Gläser markieren.

187 Stapelchips servieren

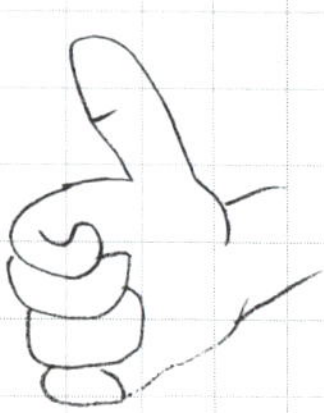

Genuss ohne Krümel und eingezwängte Hände.

Ein der Länge nach gefaltetes und halbrund gebogenes Blatt Papier in eine Dose Stapelchips hineinschieben. Dann die Dose kippen und die Chips auf dem Papier herausziehen.

188 Dosengrill

Für einen improvisierten Grill mit einer Drahtschere eine Dose an den Seiten einschneiden und die Streifen nach außen biegen. Alufolie darüber legen und mittig die Kohle einfüllen.

Ohne Grillrost eignet sich die Dose auch als kleine Feuerschale für laue Sommernächte.

189 Riesenmülleimer

Bei Partys kannst du Wäschekörbe als große Müllbehälter verwenden. Einfach einen großen Müllsack hineinstecken.

!

Mülltrennung nicht vergessen und mehrere Körbe mit großen Schildern anbieten, zum Beispiel auch einen Pfandkorb für Getränkeflaschen.

190 LEITERBAR

Mit einer Doppelsprossen-Leiter und einigen Brettern lässt sich schnell ein Regal errichten. Darauf kannst du Snacks und Getränke für eine (Garten-)Party bereitstellen.

Alte Holzleitern bieten dem Betrachter einen besonders rustikalen Charme.

Herbst und Halloween

Feuchte Schuhe trocknet man mit Zeitungspapier.

191 Laubsammler

Kehre das Laub auf ein großes Stück Plane. Wenn du fertig bist, kannst du die Plane zusammenraffen und alles auf den Kompost werfen oder in einen Beutel umfüllen.

So sparst du dir viel Bücken und Lauferei.

192 Regenpicknick

Du brauchst einen Aktenkoffer, ein großes Landschaftsfoto, ein Stück Rollrasen sowie Snacks und Getränke. Bild und Rasen in den Aktenkoffer kleben und die Köstlichkeiten platzieren.

So kannst du auch am trübsten Regentag ein romantisches Indoor-Picknick machen. Gelingt auch mit einem Picknickkorb.

Du kannst die Wachshälften auch mit kleinen Stücken von alten Kerzen füllen und das Wachs in der Nussschale in der Mikrowelle schmelzen.

193 KERZEN-SCHIFFCHEN

Bienenwachs in eine alte Dose geben und im Wasserbad bei niedriger Temperatur schmelzen. Das Wachs in Walnussschalen füllen und ein Stück Kerzendocht in das noch flüssige Wachs hineinstecken. Die Walnussschiffchen schwimmen auf dem Wasser.

APFEL-TEE

Befülle einen kleinen Topf mit Apfelschalen und übergieße diese mit Wasser, sodass sie gerade eben bedeckt sind. Koche die Schalen auf und lasse sie noch 8–10 Minuten auf ausgeschalteter Herdplatte ziehen.

194

Du kannst den Tee mit Zitrone, Zimt, Nelken, Honig oder Kandis verfeinern.

Kiefernzapfen öffnen sich bei trockenem Wetter, das Holzspießchen geht nach unten. Bei feuchtem Wetter schließt sich der Zapfen, das Spießchen geht nach oben.

195

Kiefernzapfen-Wetterstation

Klebe bei Zimmertemperatur mit Heißkleber einen Zahnstocher auf eine der Schuppen des Zapfens. Der Zapfen darf noch nicht ausgetrocknet sein. Dann eine halbrunde Skala auf ein Blatt zeichnen und hinter den Zapfen stellen. Fertig ist der Luftfeuchtigkeitsmesser (Hygrometer).

196 Abtropfwanne

Eine flache Wanne mit Kieselsteinen gefüllt, nimmt Regen- und Tauwasser unter den Winterstiefeln auf.

Wenn du die Steine mit Montagekleber auf das Blech klebst, lässt sich Tauwasser ganz einfach abgießen.

197 Futterflasche

Aus einer Kunststoffflasche und einigen Holzlöffeln lässt sich im Handumdrehen ein Futterspender für Vögel basteln. Löcher mit einem Cutter einschneiden und die Löffel vor dem Befüllen der Flasche durchstecken.

Eine gierige Vogelmeute vor dem Balkonfenster kann spannender als so manches TV-Programm sein.

TROCKEN-BESCHLEUNIGER 198

Feuchte Schuhe trocknen schneller, wenn du sie mit Zeitungspapier ausstopfst.

Das Zeitungspapier in Küchenpapier einwickeln (wegen der Druckerschwärze) und die Schuhe nicht an die Heizung stellen oder föhnen. Das macht das Material brüchig.

Aus dem Fruchtfleisch lassen sich köstliche Suppen und Kompott anfertigen, die du auch in der Schüssel servieren kannst.

199 Kürbisschüssel

Schneide die obere Hälfte des Kürbisses ab und entferne das Fruchtfleisch mit einem Löffel. Die ausgehöhlte Kürbishälfte kannst du zu Halloween als Snackschale verwenden.

200 Kürbislaterne

Mit einem Gummihammer und Keksförmchen kannst du Formen aus Kürbissen ausstechen, um eine dekorative Laterne herzustellen. Den Kürbis zuerst aushöhlen, dann ans Verzieren gehen.

Funktioniert im Sommer auch mit Wassermelonen.

201 Gruselhandtuch

Ein gruseliger Partystreich: Streiche dir mit roter Speisefarbe oder Kunstblut die Handflächen ein und wische sie vorsichtig über ein helles Handtuch. Nun lass das Handtuch trocknen. Deine Gäste werden sich schaudern!

Pass auf, dass du dich beim nächsten Gang ins Bad nicht selbst erschrickst!

202

HALLOWEEN-KERZEN

Mit Nadeln oder Nägeln kannst du den Kerzen zusätzlich einen Voodoo-Look verpassen.

Weiße Kerzen mit rotem Wachs beträufelt geben eine schaurig-schöne Halloween-Dekoration ab.

STERNENHIMMEL-DOSE

203

Stich mit einem Nagel von außen Löcher in eine Dose. Stelle anschließend ein Teelicht oder eine Kerze in die Dose und bringe die Sterne zum Leuchten.

Du musst die Löcher nicht zufällig in die Dose stechen. Bau doch ein paar Sternenbilder mit ein. Eine gezeichnete oder ausgedruckte Vorlage kannst du mit Klebefilm auf der Dose befestigen.

204 HALLOWEEN-LEUCHT-AUGEN

Schneide zwei Augenöffnungen in eine leere Klo- oder Küchenkrepprolle und lege ein angebrochenes Knicklicht in die Rolle. Versteckt im Gebüsch oder in einer Hecke sieht es bei Nacht aus, als würde ein großes Tier an der Stelle lauern.

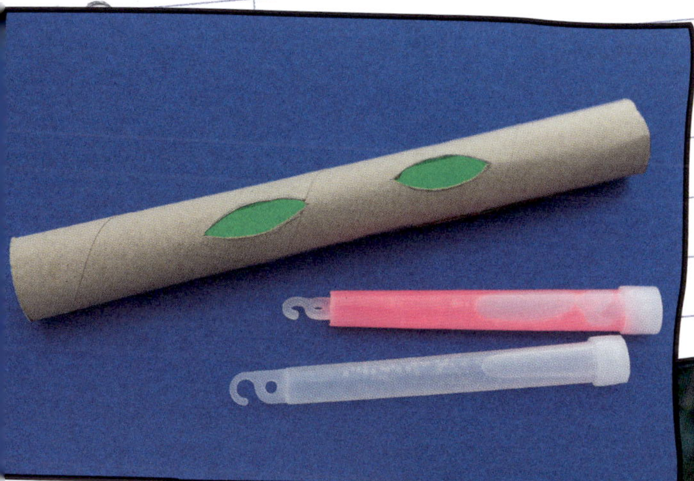

Mehr „Tiere" in den Büschen – mehr Grusel.

Wähle eine Stelle, an der das Schild nicht abfallen kann.

205 Bitte zurück an...

Befestige ein Schild mit deiner Telefonnummer oder E-Mail-Adresse an deinem Regenschirm. Wenn du ihn einmal vergisst, können ehrliche Finder dich erreichen.

Karamellcreme 206

So wird aus gezuckerter Kondensmilch leckere Karamellcreme (Dulce de leche): Stich zwei Löcher oben in die Dose und koche die Dose bei mittlerer Hitze für zwei Stunden. Achte darauf, dass die Dose immer 2 cm unter dem Rand im Wasser steht, ggf. heißes Wasser nachfüllen. Die Dose nach dem Kochen mit einer Küchenzange aus dem Wasser heben und auskühlen lassen.

Wenn du die Kondensmilch nur in der Tube bekommst, fülle den Inhalt in ein Marmeladenglas und verfahre wie oben beschrieben. Schmeckt lecker zu Eis.

Eine Leine mit Wäsche-
klammern über dem
Schreibtisch hilft,
wichtige Dinge immer
griffbereit zu haben.

Arbeit und Studium

207 Kabelhalter

Kabel lassen sich mit Vielzweckklammern an der Tischkante oder an Regalbrettern befestigen und sind damit sofort griffbereit.

Es gibt auch große Vielzweckklammern für dickere Tischplatten.

208 Kaffeewecker

Am Rand eines Papp- oder Plastikbechers einen kleinen Pfeil aufmalen. Auf einen zweiten Becher rundherum am Rand Uhrzeiten schreiben. Den ersten auf den zweiten Becher stecken. So lässt sich die Uhrzeit markieren, wann der Kaffee gekocht wurde.

Diese Becheruhr lässt sich auch für die Markierung anderer Uhrzeiten oder Ereignisse einsetzen.

209 CD-Verpackung

Mit wenigen Handgriffen kannst du aus einem Blatt Papier eine CD-Hülle falten.

1 Die Kanten auf CD-Breite nach innen falten.

2 Die oberen Ecken umklappen. Die Unterkante in halber CD-Höhe nach oben falten.

3 Den Umschlag in den Schlitz stecken.

4 Fertig!

USB-Sticks lassen sich noch einfacher in Papier einwickeln.

Und wenn man(n) das Glätteisen schon in der Hand hat: Wie wäre es mit einer neuen Frisur?

210

KRAGEN GLÄTTEN

Mit einem Glätteisen kann man nicht nur Haare, sondern auch schrumpelige und verbogene Hemd- und Blusenkragen glätten.

211 Kabelbruch vermeiden

Die Feder eines Kugelschreibers hilft zu verhindern, dass dünne Kabel am Stecker zu stark beansprucht werden.

Die übrig gebliebene Kugelschreiber-Hülle lässt sich zu einem Ungeziefer-Lasso umfunktionieren (siehe Seite 286).

212 KARTENHALTER

Mit einer Metallfeder kannst du Postkarten und Briefe auf dem Schreibtisch aufstellen.

Je größer der Gegenstand, desto größer muss die Feder sein. Kugelschreiberfedern eignen sich für Visitenkarten.

Auch andere Geräte mit Kopfhörerausgang lassen sich so zuverlässig ruhigstellen.

213 Mucksmäuschenstill

Ein Smartphone ist absolut lautlos, wenn man an den Kopfhörereingang einen abgeschnittenen Klinkenstecker von einem ausrangierten Kopfhörer einsteckt.

214 Handyständer

So baust du aus fünf Stiften und vier Gummibändern eine kleine Halterung für das Smartphone.

Auf der Mini-Staffelei lassen sich auch kleine Bilder präsentieren.

215 Klammerleine

Fädle Wäscheklammern durch ihre Metallfeder auf eine Schnur auf. Die Schnur kannst du an die Wand hängen oder quer durch den Raum spannen und Visitenkarten, Fotos, Notizen oder kleine Gegenstände griffbereit daran hängen.

Mit Bastelfarbe oder Deko-Klebeband aus dem Hobby- oder Schreibwarenladen kannst du den Wäscheklammern Farbe verleihen.

216 Unleserlich

Um eine Notiz unkenntlich zu machen, schreibe mehrfach zufällige Buchstaben darüber oder male Kringel. Die Notiz ist deutlich schwieriger zu entziffern als durchgestrichener Text.

217 Raus mit dir!

Stelle eine Playlist zusammen, deren Gesamtdauer so lang wie die Zeit ist, die dir morgens zur Verfügung steht. Beginne mit ruhigen Liedern und lasse zunehmend energetischere Songs folgen.

Mit der Zeit entwickelst du ein Gespür dafür, wie viel Zeit du noch hast.

218 STAUBFÄNGER

Mit einer Haftnotiz kannst du Staub und Krümel zwischen den Tasten einer Tastatur hervorholen.

219 Sockenglas

Stülpe eine hübsche, bunte Socke um ein Glas, um einen dekorativen Stiftebehälter zu erhalten.

So kannst du vereinsamte Socken einem neuen Zweck zuführen.

220 Motivationshilfe

Platziere kleine Süßigkeiten auf den Absätzen eines schwierigen Textes. Wenn du den Absatz gelesen hast, darfst du naschen.

Lesepfeil

221

Schneide einen Pfeil aus Pappe oder Kunststofffolie aus und klebe ihn auf eine Büroklammer. Fertig ist das zeilengenaue Lesezeichen.

Auch die Position einer notwendigen Unterschrift auf Dokumenten lässt sich durch den Pfeil markieren.

222 Büromaterial-lager

Ein Gewürzregal auf dem Schreibtisch eignet sich zur Organisation von kleinen Büroartikeln.

Auch in der Küche lassen sich neben Gewürzen kleine Gegenstände, wie Verschlüsse oder Gummibänder, darin aufbewahren.

223 ORDNUNG IM ROLLCONTAINER

Aus leeren Müslikartons lassen sich praktische Einlegefächer für Schubladen basteln.

So verrutscht selbst in tiefen Rollcontainer-Schubladen nichts mehr.

Auch vor dem Fernseher lassen sich während deiner Lieblingssendung ein paar Kilometer zurücklegen.

224

Jobfit

Kombiniere ein Tablett mit einem Heimtrainer, um Körper und Geist gleichzeitig zu trainieren. Um den Griff gebundene Socken sorgen dafür, dass das Tablett nicht abrutscht.

225 Visitenkarten-halter

Loche Visitenkarten an der Ecke und fädele sie auf einen Schlüsselring auf.

Mit Karteikarten lässt sich nach dem gleichen Prinzip ein individueller Notizblock herstellen.

In Japan heißt der Steingarten „Kare-san-sui", das Harken dient der Meditation und Entspannung.

226 Mini-Zen-Garten

Fülle Bastelsand in einen breiten Bilderrahmen. Lege nun Steine in den Sand und harke mit einer Gabel oder einem Rückenkratzer (Abbildung) vorsichtig um die Steine.

227 ESELSBRÜCKE

Zähle die Anzahl der Tage eines Monats an den Erhöhungen und Vertiefungen deiner Fingerknöchel ab. Erhöhungen haben 31, Vertiefungen 30 Tage (außer der Februar mit 28 oder 29 Tagen).

Funktioniert auch an nur einer Hand, wenn du ab August wieder von vorn beginnst.

228 Laptop-Hitzeschutz

Laptops können leicht überhitzen, wenn die abgegebene Luft nicht einwandfrei entweichen kann. Zum Kühlen eines Laptops stelle ihn einfach auf einen Eierkarton.

Wegen eines möglichen Luftstaus sollte man es auch vermeiden, Laptops auf einem Kissen oder einer Decke auf dem Schoß zu haben.

229 Fließband-Verumschlagung

Ein Schälchen mit Wasser, ein Stückchen Schwamm und ein Gummiband helfen dir, wenn du eine große Zahl an Umschlägen verschließen musst.

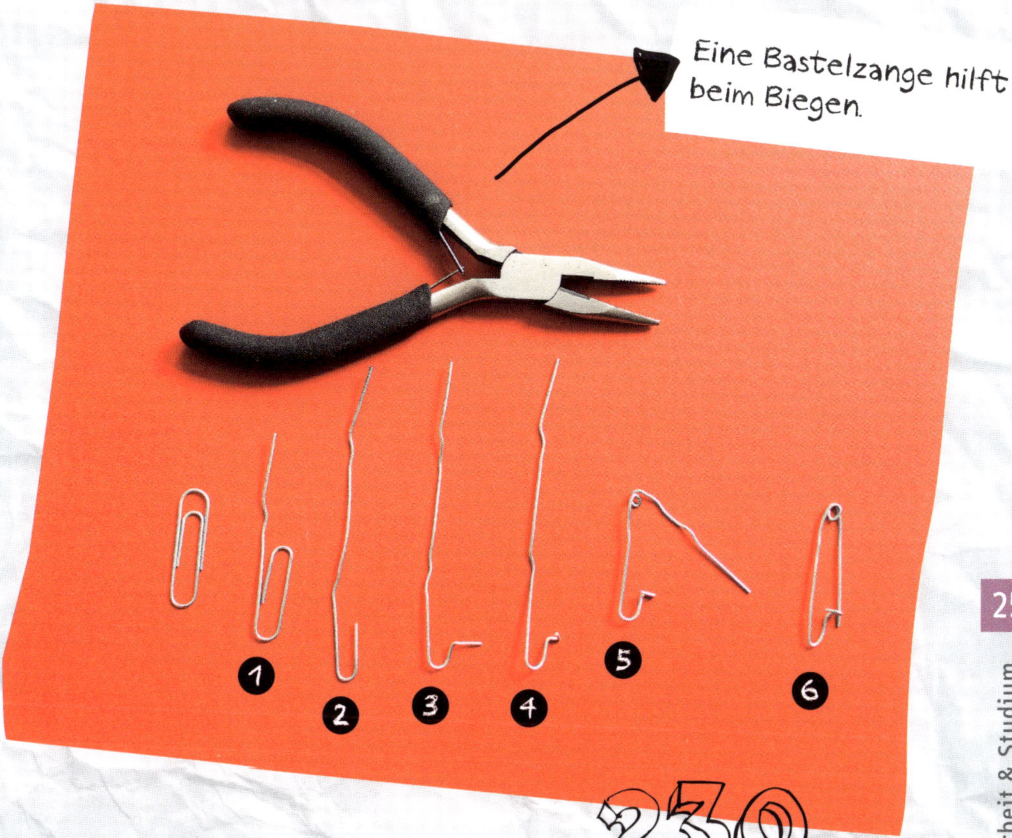

230

SICHERHEITS-KLAMMER

Eine handelsübliche Büroklammer kannst du mit wenigen Handgriffen zu einer Sicherheitsnadel verbiegen.

1. Nach oben…
2. …dann nach unten biegen.
3. Das kurze Stück mittig zur Seite biegen.
4. Die Hälfte davon aufstellen…
5. …und zur Schließe flach nach unten drücken.
6. Den Draht unterhaken.

231 Neue Füße

Abgebrochene Tastaturfüße kannst du durch Teile von Vielzweckklammern ersetzen.

So lässt sich auf einfache Art die Ergonomie am Arbeitsplatz verbessern. Ab und zu eine Pause machen, aufstehen und die Hände ausschütteln trotzdem nicht vergessen!

232 Tassen-wärmer

Das Gitter von einem PC-Lüfter mit Muttern und vier Stiftschrauben zusammensetzen. Ein Teelicht darunterstellen – fertig ist das Stövchen im Tassenformat.

! Vorsicht, Verbrennungsgefahr! Durch das Teelicht wird das Stövchen sehr heiß. Um Brandflecken zu vermeiden, stelle das Stövchen auf eine Untertasse.

Ein Stück Kaffeefilter
im Blumentopf
verhindert, dass
Erde aus dem
Drainageloch rieselt.

Wohnen und Leben

233 DINGE VERLEIHEN

Mache ein Foto mit der Person und dem Gegenstand, den du ihr ausleihst. Auf diese Weise erinnern sich alle Beteiligten daran.

Grundsätzlich sollten Vertrauen und ein gutes Erinnerungsvermögen die Basis des Verleihens sein.

Du kannst mit Nagellack auch andere kleine Flächen streichen. Spart den Kauf von Farbdosen.

234 Bunte Schlüssel

Lackiere die Griffe deiner Schlüssel mit verschiedenfarbigem Nagellack, damit du sie unterscheiden kannst.

235 Bettnudel

Damit die Kleinsten nicht im Schlaf aus dem Bett rollen, eine Schwimmnudel als Barriere unter dem Spannbettlaken platzieren.

Mit weiteren Schwimmnudeln und Kissen lässt sich ein kuscheliges Nest bauen.

Kassetten waren die CDs der Schallplattengeneration.

236 Handyhalter

Eine leere Kassettenhülle eignet sich als Halter für das Smartphone oder einen MP3-Player.

237 NAGELSCHONER

Alle Fingernägel flüstern: „Danke!"

Mit einem Tackernadel-Enthefter kannst du Schlüsselringe bequem aufbiegen.

238 Streichholzverlängerung

Eine schwer erreichbare Kerze oder ein kurzer Docht lassen sich mit einer angezündeten Spaghetti-Nudel entzünden, ohne dass du dir die Finger verbrennst.

Die Finger bleiben unversehrt, leichtes Naserümpfen lediglich wegen des Geruchs nach verkohltem Nudelteig.

239 In Griffnähe

Mit selbstklebendem Klettband lassen sich Fernbedienungen griffbereit und platzsparend an der Seite der Couch oder des Couchtisches befestigen.

Als Zweitgerät ist das Smartphone auf dieselbe Weise greifbar.

240 Sicher eingehakt

Wenn sich der Reißverschluss deiner Hose ständig von selbst öffnet, fädle einen Schlüsselring durch das Griffstück und hänge den Ring nach dem Verschließen über den Hosenknopf.

Mit diesem Trick verlängert sich die Lebensdauer der Lieblingshose außerordentlich.

Sind an der Rückseite des Koffers Kunststoffschienen angebracht, kannst du den Koffer auf den Treppenstufen hinuntergleiten lassen. Die Treppe, wenn notwendig, mit großen Pappen schützen.

241 Umzugshelfer

Bei einem Umzug helfen Rollkoffer dabei, besonders schwere Dinge, wie Bücher, zu transportieren.

242 Bürstenhalter

Spanne Gummibänder in einem Wabenmuster über ein Glas. Fertig ist der Zahnbürsten-Halter, in dem sich die Bürsten nicht berühren.

Damit die Gummibänder nicht vom Glas rutschen, befestige sie mit einem zusätzlichen Gummiband, welches du oben um den Rand des Glases spannst.

Um Falten zu vermeiden, hänge deine Wäsche nach dem Waschen sofort auf einen Bügel.

243

Faltenkiller

Faltige Kleidung lässt sich im Trockner mit einigen Eiswürfeln in nur fünf Minuten glätten.

244 Saugzopf

Pferdeschwanz machen mal anders: Streife einen Haargummi über das Staubsaugerrohr. Den Staubsauger auf eine niedrige Wattzahl stellen und die Haare ins Rohr saugen. Den Haargummi über die Haare streifen – fertig!

Geschwindigkeit: 1^{+}. Hygiene: 2^{-}.

TASCHENTUCH-MÜLLEIMER

Eine leere Schachtel von Einwegtaschentüchern an eine volle kleben. Benutzte Taschentücher kannst du so gleich entsorgen.

Das verhindert an verschnupften Tagen, dass Taschentücher herumliegen.

Bei etwas zu großen Schuhen probiere es mit halben oder ganzen Einlegesohlen und Gelpolstern für die Fersen.

246 Schuhe weiten

Zu enge Schuhe kannst du weiten, indem du drei Paar (dicke) Socken anziehst und die Schuhe mit einem Föhn erwärmst.

247 Gummiband-sperre

Nutze ein breites Gummiband, damit eine Tür beim Zufallen nicht schließt.

248 Türnudel

Ein Stück von einer Schwimmnudel längs aufschneiden und an der Tür befestigen.

So sind auch bei einem Windzug kleine Kinderhände vor einer zuschlagenden Tür geschützt.

249 PARK-ASSISTENT

Hänge von der Decke der Garage einen Tennisball an einem Faden auf, der die Windschutzscheibe deines Wagens berührt, wenn du weit genug hineingefahren bist.

Um den Faden zu befestigen, mache einen dicken Knoten in das Fadenende. Schneide einen Schlitz in den Tennisball und stecke den Knoten hinein.

250 SCHLÜSSEL-VERSTECK

Den Ersatzschlüssel für die Haustür in ein kleines Döschen oder Schraubglas legen. Den Deckel mit einem Tannenzapfen bekleben. Dann das Döschen einbuddeln, sodass nur der Zapfen herausschaut.

Den Deckel kannst du auch mit einem Stein oder anderen Gegenständen bekleben, falls keine Tanne in der Nähe ist.

251 Bilderrahmen mit Versteck

Alte Hüllen von VHS-Kassetten kannst du an der Wand befestigen und als Bilderrahmen benutzen.

252 Stuhlsocken

Als Parkett- und Laminatschutz ziehe Babysöckchen über die Stuhlbeine.

253 Bilderhaken

Dosenringe eignen sich zum Aufhängen von Bildern.

Mit zwei Dosenringen, links und rechts am Bild, hast du mehr Kontrolle darüber, ob das Bild gerade hängt.

Mit ein wenig Sprühlack passt sich die Kastenreibe jeder Umgebung an.

254 Schmuckständer

Eine ausrangierte Kastenreibe lässt sich zu einem dekorativen Schmuckständer umfunktionieren.

255 Gesunde Kerzenhalter

Ausgehöhltes Obst eignet sich als dekorativer Kerzenständer, der zudem einen angenehmen Duft verbreitet.

256 Kaffeefilter im Blumentopf

Ein Stück Kaffeefilter unten im Blumentopf verhindert, dass Erde aus dem Drainageloch rieselt. Überschüssiges Wasser kann dennoch entweichen.

Der Kaffeefilter ist kompostierbar und löst sich mit der Zeit von selbst auf.

257 Deko-Regal

Zeitschriftenhalter seitlich gedreht in eine Zimmerecke schrauben. Etwas unterhalb der gewünschten Oberkante Löcher vorbohren und beim Festschrauben Unterlegscheiben verwenden, damit die Löcher nicht ausreißen.

Schnell angebracht: Befüllbare Eckregalbretter mit schwungvoller Form.

Blumentopf-Stange 258

Eine stabile Metallstange (ausrangierte Gardinenstange) senkrecht in die Erde stecken. Dann Blumentöpfe versetzt auffädeln. Mit Erde befüllen und bepflanzen.

Am Balkongeländer die Metallstange mit Kabelbindern befestigen. Rankende Gewächse können die Metallstange zudem als Kletterhilfe nutzen.

KLOROLLEN-LUFTERFRISCHER 259

Einige Tropfen ätherisches Öl von innen auf die Pappe einer Toilettenpapierrolle getropft, sorgen für anhaltenden Duft in Bad und WC.

260 Wanderlektüre

Zeitungen oder Zeitschriften lassen sich platzsparend mit einem Kleiderbügel aufhängen

So kann die Lektüre beliebig umplatziert werden und ist immer griffbereit.

261 Ungeziefer-Lasso

Nimm einen dünnen Faden doppelt und fädle ihn durch eine leere Kugelschreiber-Hülse. Das gelingt leichter, wenn du ein Stück Draht zu Hilfe nimmst. Auf einer Seite entsteht eine Schlinge, die du auf der anderen Seite festziehen kannst. So lassen sich tote Fliegen und andere Insekten greifen, ohne dass du diese berühren musst.

262 Notgroschen

Verstecke einen Geldschein für den Notfall in der Hülle deines Handys.

Das Handy ist meistens dabei – und damit auch der Notgroschen.

263 Verpackungsknacker

Widerspenstige Folienverpackungen lassen sich leichter öffnen, indem du je eine Münze vor und hinter der Aufreißnaht platzierst und die Münzen gegeneinanderdrückst.

! Für stärkere Plastik-Verpackungen gibt's den Dosenöffner-Trick (siehe Seite 28).

Befülle das Glas stets mit dem Gedanken: Über was würde ich mich als Gast freuen?

264

FÜNF-STERNE-SERVICE

Stelle deinen Gästen Proben von Kosmetik und Seifen in einem großen Glas zur Verfügung.

265 RUTSCH-SICHERUNG

Ein breites Gummiband um ein Netzteil gewickelt hindert es am Herunterrutschen vom Tisch.

Mehrere Gummibänder überkreuz dienen zusätzlich als Stoßdämpfer, falls das Netzteil doch einmal vom Tisch rutschen sollte.

266 Garagenwand-Gummierung

Eine halbe Schwimmnudel an der Garagenwand schützt die Pkw-Tür beim Öffnen.

Mit einer Wäsche-
klammer kann man
seine Finger beim
Einschlagen eines
Nagels schützen.

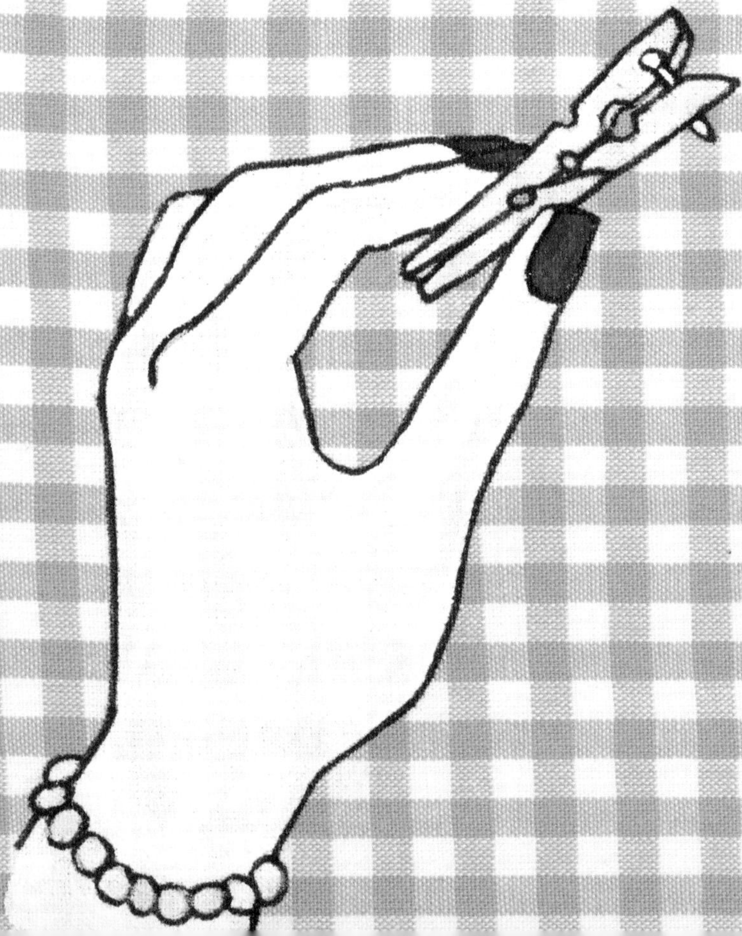

Basteln und Heimwerken

267 Anfangsmarkierung

Befestige eine Büroklammer oder einen Brotbeutel-Clip am Klebebandanfang, dann findest du ihn beim nächsten Mal sofort.

Wenn du gerade keinen Gegenstand zur Hand hast, kannst du das Ende des Klebebandes auch einfach umfalten.

268 Saubere Ränder

Spanne ein breites Gummiband über die Öffnung eines Farbglases oder einer Farbdose, dann kannst du daran den Pinsel abstreifen, ohne den Rand zu beschmieren.

Ein genialer Trick. Vorausgesetzt, man bekommt nach dem Streichen das Gummiband wieder unfallfrei vom Gefäß herunter.

269 Rollenhalter

Leere, aufgeschnittene Klopapierrollen eignen sich, um Geschenkpapier zusammenzuhalten.

Auch aufgerollte Zeichnungen oder Poster kannst du auf diese Weise platzsparend verwahren.

270 Kabelknoten

Kabel und Verlängerungskabel kannst du mit einer einfachen Schlaufe davor bewahren, sich bei leichtem Zug voneinander zu trennen.

Übertreibe es mit der Belastbarkeit des Knotens aber nicht. Bei starkem Zug könnte das Kabel beschädigt werden. !

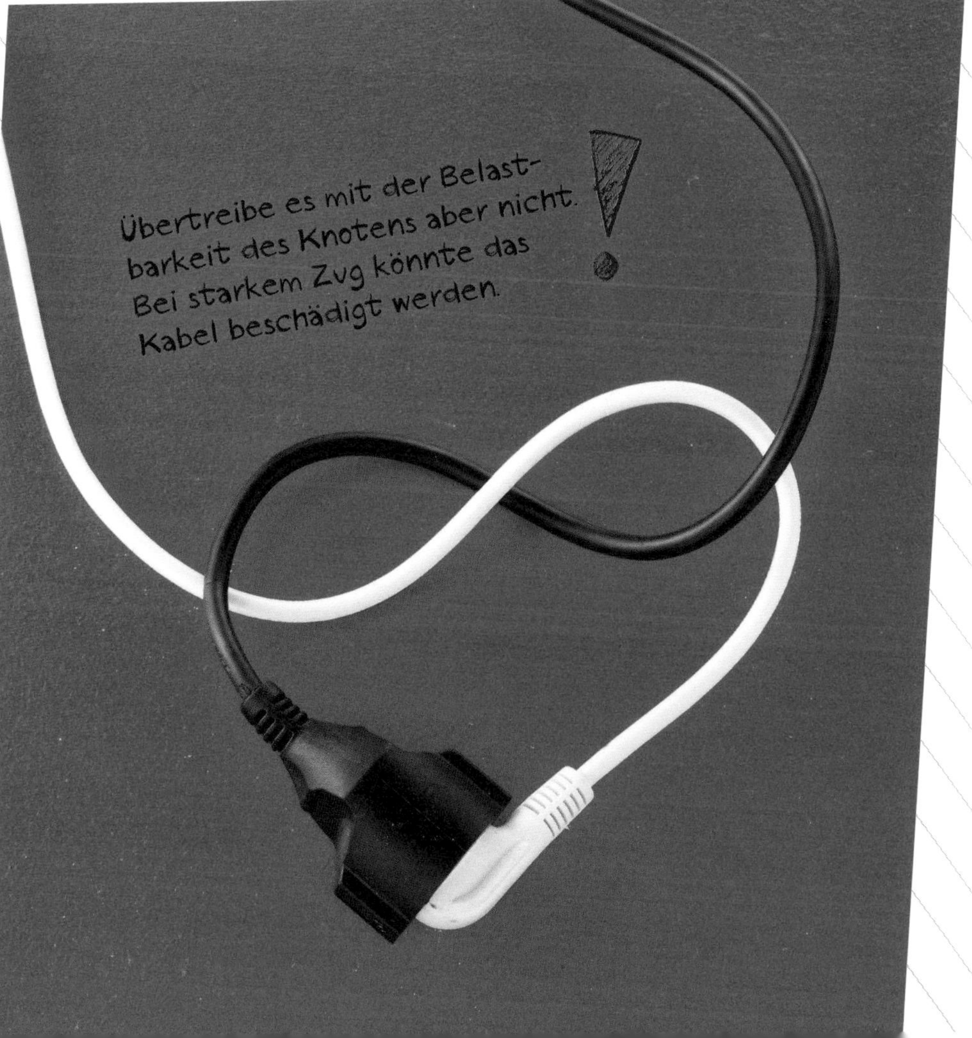

271

Praktische Nuss

Kratzer und Schrammen in Holzmöbeln lassen sich mit einem Walnusskern wegrubbeln.

Das funktioniert nur bei kleinen, nicht sehr tiefen Schrammen.

272 Daumenschoner

Mit einer Wäscheklammer kannst du deine Finger beim Einschlagen eines Nagels schützen.

Dieser Trick hilft auch, den Nagel besonders gerade einzuschlagen.

Auf diese Weise kannst du auch mehrere Nägel in gleichmäßigen Abständen platzieren.

273 Nagelhalter

Dünne Nägel kannst du mit einem Kamm halten, um die eigenen Finger zu schonen.

274

Bohrstaubfänger

Eine gefaltete Haftnotiz an der Wand kann den anfallenden Staub beim Bohren auffangen.

Nur bei kleinen, nicht sehr tiefen Löchern zu empfehlen.

275 Schraubenfix

Ein breites Gummiband zwischen Schraubenkopf und Schraubendreher erleichtert das Herausdrehen von Schrauben mit beschädigten Köpfen.

Wenn auch das nicht hilft, mit einer Mini-Kreissäge einen neuen Schlitz in den Schraubkopf fräsen und die Schraube normal herausdrehen.

276 Festhalter

Aus einem Tennisball wird ein lustiger Halter für Briefe, Schlüssel, Geschirrtücher und Kleidung. Mit einem Cutter einen Schlitz als Mund in den Ball schneiden. Durch die Öffnung den Ball an die Wand oder ein Möbelstück schrauben. Abschließend die Augen aufmalen oder Wackelaugen aufkleben.

Vier Tennisbälle, in die jeweils ein Loch geschnitten wird, eignen sich als Stuhlbein-Schoner.

277 BATTERIETEST

Um zu testen, ob Batterien voll oder leer sind, lass sie auf den Tisch fallen. Wenn sie nach dem Aufprall nur einmal kurz hochspringen, dann sind sie geladen, wenn sie mehrfach hüpfen, sind sie eher leer.

Denk dran: Akkus sind in der Anschaffung zwar teurer als Batterien, sparen bei häufigem Gebrauch aber Geld und schonen die Umwelt. !

278

BOHRSCHABLONE

Möchtest du etwas an der Wand aufhängen, das mehrere Aufhängepunkte an der Rückseite hat, mache eine Fotokopie von der Rückseite und verwende diese als Bohrschablone.

Du kannst direkt durch die Kopie bohren, wenn du diese mit Malerband in der richtigen Position an der Wand fixierst.

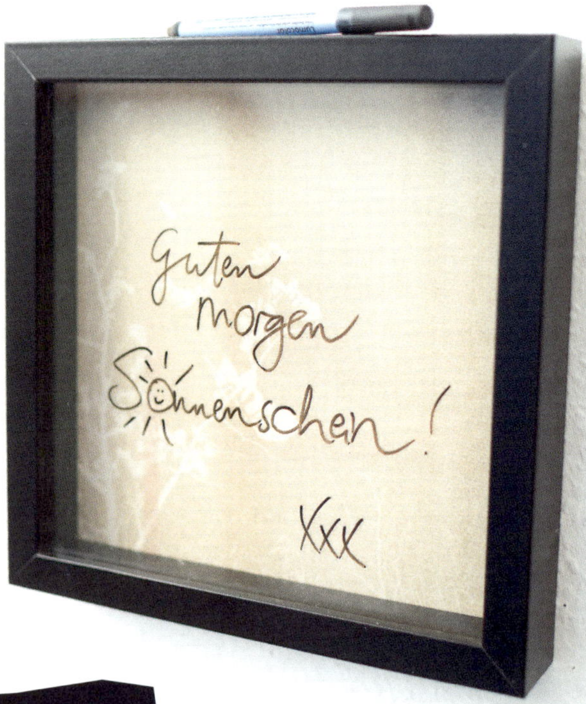

Verwende einen schönen Bilderrahmen für Einkaufslisten oder Botschaften.

279 Glasmaler

Whiteboard-Marker kannst du zum Beschriften von Glas verwenden. Die Notizen sind rückstandsfrei abwischbar.

Zahnpasta-markierung 280

Mit einem Klecks Zahnpasta lassen sich die Aufhängepunkte am Bilderrahmen markieren. Den Rahmen in der gewünschten Position an die Wand drücken. Dort, wo die Abdrücke der Zahnpasta sind, die Haken anbringen.

Bunte Zahnpasta funktioniert besser als weiße.

281 Wendepaket

Einen gebrauchten Karton entlang der Falzung in die entgegengesetzte Richtung falten, um einen sauberen, neuen Karton zu erhalten.

Die meisten Kartons sind von innen unbedruckt, warum also nicht ihr Innerstes nach außen kehren?

Einstecktasche 282

Vor dem Verpacken eines Geschenkes den Papierbogen im Zickzack falten, sodass eine breite Faltung entsteht (hier 5 cm). Dabei unten ausreichend Papier zum Einwickeln stehen lassen. Das Geschenk einwickeln und Glückwunschkarte, Foto oder Brief einstecken.

Zweifarbiges Geschenkpapier knapp umfalten, um eine gerade Kante zu erhalten, und dann einmal nach oben falten. So ist die andersfarbige Rückseite sichtbar.

283 HÄNGENDE GLÄSER

Befestige eine Magnetleiste (Küchenbedarf) unter einem Hängeschrank, dann kannst du Gläser mit Metalldeckeln anhängen.

Im Bad lassen sich Nagelfeile, Schere, Haarklammern und Pinzette an einer Magnetleiste aufbewahren.

284

Leuchtsteine

Mit Leuchtfarbe bemalte Kieselsteine sind eine ungewöhnliche Gartendekoration.

Mit den Leucht-steinen kannst du einen Weg markieren.

285 Kühlschranktasten

Aus den Tasten einer ausgedienten Computertastatur, Klebstoff und Magneten lassen sich originelle Kühlschrankmagneten basteln.

Das Kleben geht ganz schnell mit Sekundenkleber.

Funktioniert mit gebundenen Büchern ebenso wie mit Taschenbüchern.

286 SCHWEBENDE BÜCHER

Einen Metallwinkel mit Alles- oder Sekundenkleber an die Innenseite des hinteren Buchdeckels kleben und an die Wand schrauben. Nun können Dekorationen oder andere Bücher auf dem Bücherregal platziert werden.

287 Zeitschriftenladen

Alte Fensterläden oder eine Lamellentür sind ein ideales Ablagefach für Zeitschriften und Grußkarten.

Mit etwas Sprühlack lässt sich auch ein verwitterter Fensterladen in ein modernes Designerstück verwandeln.

Fleißige Sammler können sich eine Pinnwand aus Flaschenkorken zusammensetzen.

288

KORKWAND

Eine dekorative und beliebig erweiterbare Pinnwand erhältst du mit Untersetzern aus Kork. Nach Belieben vor dem Anbringen mit Bastelfarbe bemalen.

289 Tackern ohne Tacker

Keinen Tacker zur Hand? So kannst du Papier auch ohne zusammenfassen.

1. Die Blätter an der Ecke umfalten und zweimal einschneiden.

2. Den eingeschnittenen Teil flachdrücken.

3. Dann die Laschen vorne und hinten zum Blatt falten.

4. Hält.

Der Trick funktioniert bei normalem Kopierpapier mit etwa bis zu vier Blättern.

290 Milch-Börse

Die Bastelei funktioniert ohne Klebstoff. Du kannst aber ein Trennfach in der Mitte einkleben.

Aus einem leeren Milch- oder Saftkarton lässt sich eine originelle Geldbörse basteln. Den Milchkarton zuschneiden. Alle Linien mit Lineal und Scherenspitze nachziehen und wie abgebildet vor bzw. zurück falten. Die Form zusammendrücken und mit der Verschlusskappe schließen.

291 Geheimversteck

Klappe ein altes Buch auf und schneide vorsichtig mit einem Cuttermesser ein Rechteck aus jeder Seite. So erhältst du ein praktisches Geheimversteck.

Um die Seiten zu verkleben, trage Leim auf der Innenseite des Geheimfaches auf.

Backzubehör, Stifte und andere Utensilien sind griffbereit und dekorativ untergebracht.

292 Magnet-Container

Mit einem Tropfen Sekunden- oder Alleskleber Magnete an der Rückseite von Blechdosen befestigen und an der Magnettafel oder dem Kühlschrank befestigen.

293 Schraubenfest

Um durchdrehende Schrauben im Holz zu fixieren, die lockere Schraube entfernen, einige Zahnstocher(stücke) in das Bohrloch stecken und die Schraube wieder einschrauben.

Mehr Aufhängemöglichkeiten erhältst du, wenn du mehr Stäbe verwendest.

294

GARDEROBEN-STÄNDER

Ein paar Vierkanthölzer (hier 2 Meter lang), etwas Draht und ein Schal genügen, um diesen Garderobenständer zu errichten. Die Hölzer aufstellen, eng mit Draht umwickeln und den Schal umbinden.

295 FARBRESTE ADE!

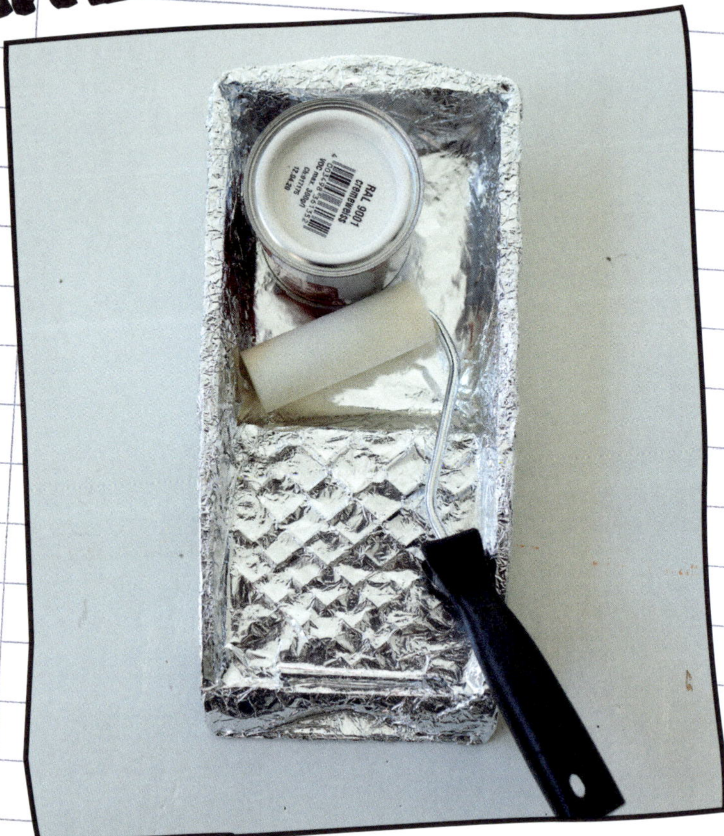

Lege die Farbwanne vor dem Gebrauch eng mit Alufolie aus. Nach dem Streichen kannst du die Folie mitsamt der Restfarbe entsorgen.

So lässt sich die Farbwanne beliebig oft und mit unterschiedlichen Farben wiederverwenden, ohne dass du sie putzen musst.

296

IM LOT

Um Bilderrahmen mit zwei Haken aufzuhängen, miss mit Malerband oder Papier-Klebeband die Länge zwischen den Löchern ab. Dann mit der Wasserwaage einen Bleistiftstrich in der gewünschten Höhe ziehen und das Malerband auf den Strich kleben. An den Bandenden die Löcher bohren.

Löcher anzeichnen funktioniert auch mit Zahnpasta (siehe Seite 307).

Winter und Weihnachten

Sprühöl verhindert das Haften von Schnee an der Schaufel.

297 ORANGENKERZE

Lass die Orange nicht unbeaufsichtigt brennen und stelle einen Teller unter!

Entferne das Fruchtfleisch vorsichtig mit einem Löffel aus einer halben Orange, sodass der weiße, faserige Teil in der Mitte stehenbleibt. Fülle die Schale mit Pflanzenöl bis etwa 1 cm unterhalb des „Dochtes“. Einige Minuten vollsaugen lassen, dann kannst du die Orange entzünden.

298

BACKFRISCHE PLÄTZCHEN

Eine Scheibe Weißbrot in der Keksdose hält weiches Gebäck und Plätzchen frisch.

299 PERFEKTE PLÄTZCHEN

Backe Plätzchen oder Kekse in einem Muffinblech, dann zerlaufen sie nicht und sind gleichmäßig dick.

Dank Muffinform sind die Plätzchen perfekt rund.

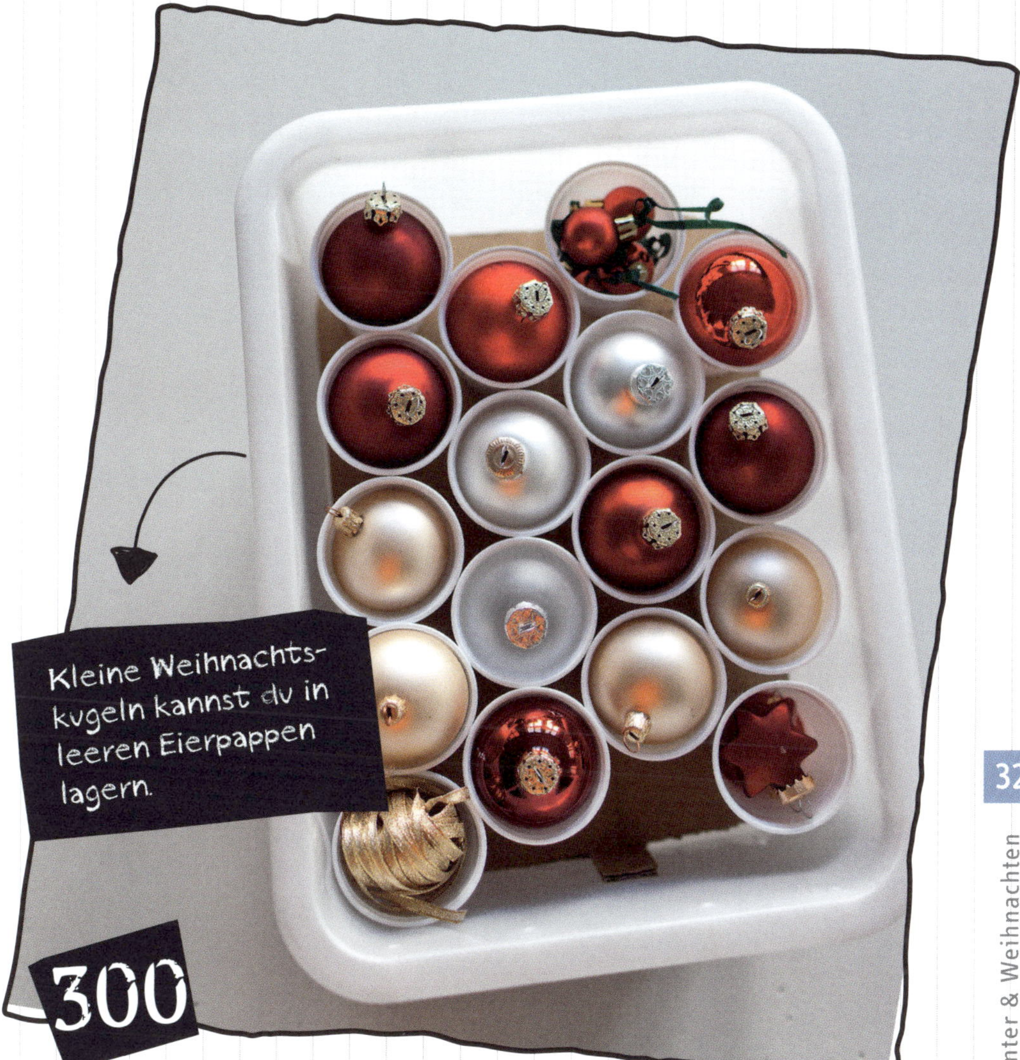

Kleine Weihnachtskugeln kannst du in leeren Eierpappen lagern.

300

Sicher verwahrt

Plastikbecher auf Pappe geklebt helfen, Weihnachtsdekorationen sicher und geordnet in Kisten einzulagern.

330

Winter & Weihnachten

301

Glitzertüte

Für silberglänzendes Geschenkpapier verwende eine Chipstüte. Diese einfach umdrehen und reinigen. Du kannst sie auch aufschneiden, um kleine Geschenke einzuwickeln.

„Ich musste leider die ganze Tüte Chips essen, wie soll ich denn sonst das Geschenk einwickeln?"

302 News-Tüte

Kein Geschenkpapier parat? Nimm Zeitungen und falte daraus Tüten.

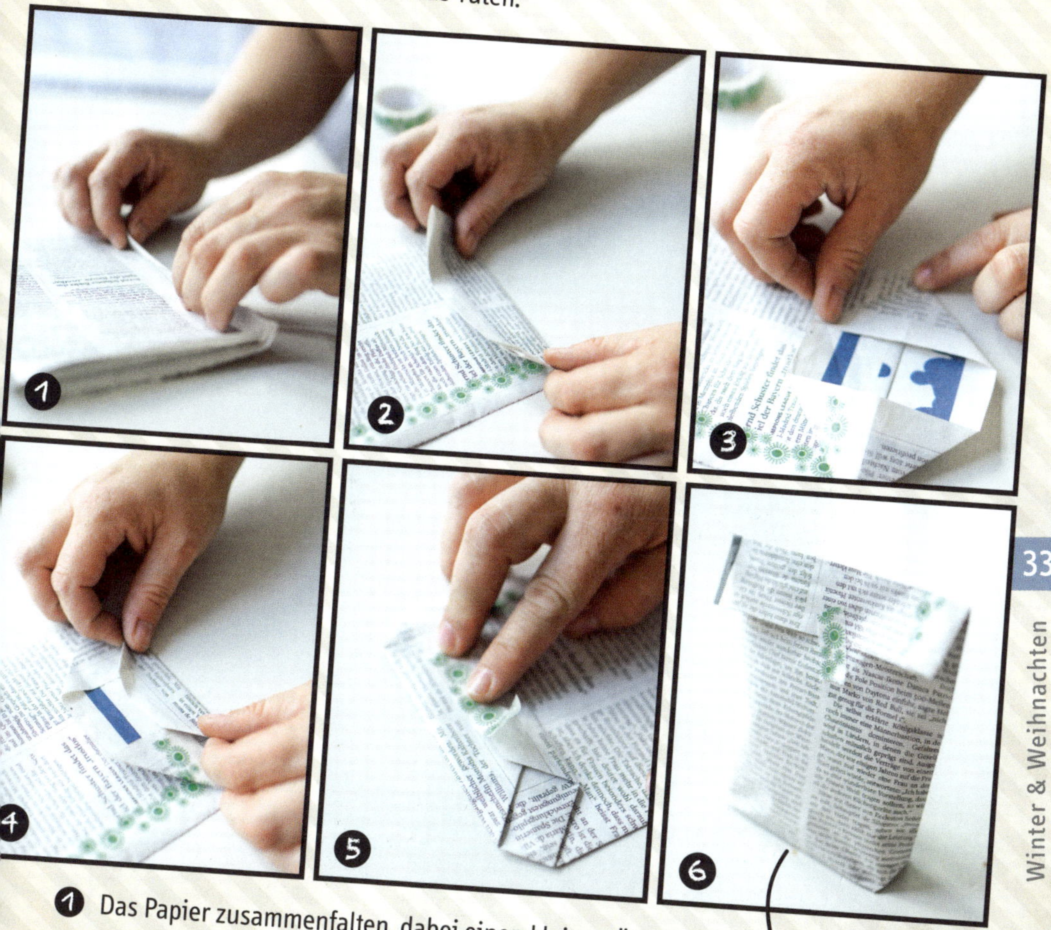

1. Das Papier zusammenfalten, dabei einen kleinen Überstand an der Seite lassen. Mit dem Überstand zusammenkleben.
2. Die Unterkante der Tüte nach oben und wieder zurück falten.
3. Das Rechteck aufstellen und die Mitte der Außenkanten nach innen zum Dreieck falten. Auf der anderen Seite wiederholen.
4. Die Kanten übereinanderlegen.
5. Zusammenkleben.
6. Die Tüte aufrichten und ausformen – fertig.

Fortgeschrittene wählen besondere Fotos und Überschriften aus.

303 Schneeflocken-Papier

Mit dem Radiergummi-Ende eines Bleistiftes und weißer Farbe kannst du Packpapier zu einem schicken Geschenkpapier veredeln.

Besonders edel wirkt das Papier, wenn du die Punkte statt mit Farbe mit Bastelkleber aufstempelt und anschließend mit Glitter oder Puder bestreust.

Auch zum Servieren reich belegter Sandwiches geeignet.

Aus einem Pappteller lässt sich mit wenigen Handgriffen ein dekoratives Körbchen basteln. Nach Belieben noch eine dicke Schleife darum binden.

304 Kekskörbchen

305

Lichterketten-Bügel

Wickle Lichterketten nach dem Fest auf einen Kleiderbügel auf.

Vielleicht benötigst du die Lichterketten schon vor dem nächsten Weihnachtsfest wieder (siehe Seite 190).

Leichter Schneeschippen

306

Besprühe deine Schneeschaufel dünn mit Universal-Sprühöl, damit der Schnee nicht daran haften bleibt.

307 TÜRSCHLOSS SCHÜTZEN

Ist das Türschloss vereist, einfach den Schlüssel mit einem Feuerzeug erwärmen.

308 Schneekette fürs Rad

Kabelbinder entlang der Speichen an den Fahrradreifen befestigen. Diese verhelfen den Reifen auf verschneiten Flächen zu mehr Halt.

309 Frostschutz

Sprühe Essig auf die Fahrzeugscheiben, um sie vor dem Einfrieren zu schützen. Mische drei Teile Wasser und einen Teil Essig in einer Sprühflasche.

Wenn die Scheibe schon vereist ist, einfach die Mischung aufsprühen, dann lässt sich das Eis leichter entfernen.

310 Heizungsboost

Alufolie hinter dem Heizkörper reflektiert Wärme in den Raum und hilft, Energie zu sparen.

311 WISCHER-SCHUTZ

Etwas Reinigungsalkohol auf ein fusselfreies Tuch auftragen und die Scheibenwischer damit vorsichtig reinigen. So hast du ganzjährig klare Sicht und keine Streifen.

Gib Spiritus niemals mit in das Wischerwasser. Er geliert ab minus 14 °C und kann die Düsen verstopfen.

312 Strahlerklar

Wachs hält Scheinwerfer auch bei Frost klar.

Trübe Scheinwerfer kannst du mit Zahnpasta putzen.

313 Filzsohlen

Aus einem Stück Wollfilz kannst du dir kuschelige Einlegesohlen für deine Winterstiefel ausschneiden.

Lässt sich die Sohle aus dem Stiefel herausnehmen, kannst du sie als Schablone verwenden.

Warme Socke 314

Fülle Reis in eine Socke und verknote sie, bevor du sie in der Mikrowelle erwärmst. Eine Wohltat an eisigen Wintertagen!

Funktioniert auch mit Linsen, getrockneten Erbsen und Getreide.

315 Honig-Walnüsse

Grob gehackte Walnüsse in Honig gerührt ergeben ein dekoratives und leckeres Geschenk. Zwei Esslöffel Weinbrand runden es ab. Gut einrühren und zwei Wochen ziehen lassen.

Zutaten: 350 g Zucker, 50 g Kakaopulver, 125 g gehackte Wal- oder Pekannüsse, 200 g Mehl, 1 TL Backpulver, 1/2 TL Salz. Frisch hinzugeben: 3 Eier und 175 g Margarine.

316

BROWNIES IM GLAS

Verschenke selbst gemachte Backmischungen! Einfach die trockenen Zutaten in ein dekoratives Glas schichten und mit dem Rezept beschriften.

Geschlagene Sahne oder kleine Marshmallows krönen das Getränk.

317

Nuss-Nougat-Kakao

Wenn es draußen windet und schneit, wärmt eine Tasse heißer Nuss-Nougat-Kakao das Herz. Erwärme einen Liter Milch bei mittlerer Hitze in einem Topf und rühre 100 g Nuss-Nougat-Creme hinein, bis sie sich auflöst und die Milch warm ist.

318 Geschirrkunst

Mit Porzellanfarben aus dem Bastelbedarf kannst du Geschirr individuell beschriften und bemalen.

Die liebevoll gestalteten Unikate sollten nicht im Geschirrspüler gereinigt werden.

319 Orangenduft liegt in der Luft

Vermische ¼ Tasse Reinigungsalkohol (Isopropanol), eine ¾ Tasse Wasser und 20 Tropfen ätherisches Öl in einer Flasche. Gib bei Bedarf Schnitze von Orangen- oder Zitronenschale, frische Kräuter oder eine Zimtstange hinzu. Stelle nun 8–10 Bambusstäbe in die Flasche und warte, bis diese sich voll Flüssigkeit gesogen haben. Fertig ist der Lufterfrischer.

320

SCHNEEMANN-GLÄSER

Befülle zwei bis drei kleine Schraubgläser mit Süßigkeiten oder Trinkschokolade und Marshmallows. Staple die Gläser übereinander und klebe sie mit doppelseitigem Klebeband zusammen. Das Gesicht mit Permanentstiften aufmalen. Für Mütze und Schal Socken verwenden.

So machen auch Socken als Geschenk Freude!

Eierprobe

So prüft man, ob Eier frisch sind:

frisch

etwa 20 Tage alt

etwa 60 Tage alt

Essen und Trinken

Eignet sich besonders, wenn du viele kleine Pfannkuchen backen willst. Es lassen sich auch Muster und Figuren in die Pfanne malen, die kurz danach gleichmäßig mit Teig aufgefüllt werden.

321

Pfannkuchen-spritze

Pfannkuchenteig lässt sich in einer ausgespülten Ketchup- oder Mayonnaiseflasche perfekt dosieren.

322

EIER TRENNEN

Mit einer sauberen Kunststoffflasche kannst du den Dotter aus einem aufgeschlagenen Ei saugen und in ein anderes Gefäß umfüllen. Die Flasche etwas zusammendrücken und vorsichtig am Eigelb ansetzen. Mit der Luft wird das Eigelb eingesaugt.

Gelingt wunderbar, solange das Eidotter unbeschädigt ist.

323 Strohhalm-Halter

Drehst du die Öffnerlasche einer Getränkedose über die Trinköffnung, kannst du damit einen Strohhalm daran hindern, nach oben zu steigen.

Ist die Dose geleert, trenne die Lasche durch stetiges Hin- und Herbiegen ab, sie eignet sich für weitere Lifehacks (Seite 58, 98 und 278).

Bei Suppen hilft nach wie vor gelegentliches Umrühren.

324 Mikrowellen-Futter

Essen wird in der Mikrowelle gleichmäßiger erwärmt, wenn du es ringförmig auf dem Teller anrichtest.

325 Kuchen schneiden

Kuchen, weicher Käse und viele andere Lebensmittel lassen sich mit Zahnseide schneiden. Achte beim Kauf darauf, eine Zahnseide ohne Menthol oder andere Aromen zu wählen.

Festes Garn oder Angelsehne funktionieren ebenfalls.

326 TRÄNENFREI

Kaugummikauen verhindert Tränen beim Zwiebelschneiden.

327 Genug trinken

Markiere transparente Trinkflaschen mit Uhrzeiten, dann kannst du einfach prüfen, ob du genug Wasser zu dir nimmst.

Regelmäßige Wasserzufuhr schützt besser vor Erschöpfung als so mancher Kaffee.

328 Bis in die Ecken

Mit zwei halbierten Wurstscheiben lässt sich eine quadratische Scheibe Toast gleichmäßig belegen.

So gelingt beim Abendbrot die Quadratur des Kreises.

329 Überkochen verboten!

Ein Kochlöffel quer über den Topf gelegt verhindert das Überkochen.

Die Herdplatte kleiner stellen hilft, zusätzlich Energie zu sparen.

330 Mikrowellen-Pizza

Ein Glas Wasser in der Mikrowelle verhindert, dass Pizzastücke beim Aufwärmen zäh werden.

Ist die Pizza aufgegessen, kannst du mit dem Wasserglas gleich noch die Mikrowelle reinigen (siehe Seite 51).

331

WARMHALTE-SERVICE

Essen vom Imbiss lässt sich mit einer Sitzheizung während des Transportes warm halten.

Hält nicht warm, aber alles am Platz: Damit der Belag nicht vom Pizzaboden rutscht, leg eine Flasche als Höhenausgleich unter die Schachtel.

332 Pizza aufknuspern

In einer beschichteten Pfanne kannst du bei mittlerer Hitze kalte Pizza wieder schnell knusprig und warm machen, ohne den Belag unnötig auszutrocknen.

Hast du keine Pfanne zur Hand, funktioniert das Aufwärmen auch in der Mikrowelle (siehe Seite 361)

333 Schnappschuss

Keine Zeit, noch einen Einkaufszettel zu schreiben? Mach schnell ein Foto vom Kühlschrankinhalt!

Im Laden kannst du dann nachschauen, was im Kühlschrank fehlt.

334 REZEPTEBÜGEL

Ein Hosenbügel am Küchenschrank hält das Kochbuch oder Rezeptheft auf Augenhöhe.

Diese Butterflocken lassen sich auch leichter in Teig oder Soßen verteilen.

335 Streichzarte Butter

Harte Butter aus dem Kühlschrank lässt sich mit einer Küchenreibe in leicht verstreichbare Flocken verwandeln.

336 Reste-Essen für zwei

Zwei Essschalen kannst du gleichzeitig in einer kleinen Mikrowelle erwärmen, wenn du eine der beiden Schalen auf eine Tasse stellst.

Pass auf, dass die obere Schale seitlich nicht anstößt und so beim Drehen des Mikrowellentellers herunterfällt.

337 BANANE MAL ANDERS

Bananen kann man am stumpfen Ende viel einfacher öffnen als am Stielende. Das Ende leicht zusammendrücken und die Schalen auseinanderziehen.

Das ist eine Fertigkeit, die der Mensch vom Affen gelernt hat.

Und nun: Guten Appetit! Oder wie man in China sagt: Iss langsam!

338

ESSSTÄBCHEN FÜR UNGEÜBTE

Vor dem Besuch beim Asiaten ein Gummiband einstecken. Dieses eng um das obere Ende der Essstäbchen wickeln. Stecke noch ein Stück der Verpackung straff aufgerollt dicht am Gummiband zwischen die Stäbchen - fertig sind die halbautomatischen Essstäbchen.

Imbiss-Box 339 als Teller

Entferne den Metallhenkel von einer Transportschachtel aus dem Asia-Imbiss, dann kannst du sie zu einem Teller entfalten.

Wie auch Ungeübte mit Stäbchen essen können, erfährst du auf Seite 369.

Eierfrische prüfen 340

Das Ei in ein Glas mit Wasser legen. Frische Eier sinken auf den Boden, ältere Eier schwimmen an der Oberfläche.

Ältere Eier schwimmen an der Oberfläche, da sich im Inneren des Eies mit der Zeit die Luftkammer vergrößert.

341

Gewürzspray

Bringe einen Sprühkopf auf Flaschen mit Essig, Öl oder dünnflüssigen Würzsoßen an oder fülle sie in Sprayflaschen um, um Speisen gleichmäßig würzen zu können.

Briefumschlag-Trichter 342

Ein diagonal zerschnittener Umschlag mit abgeschnittener Ecke ergibt einen praktischen Trichter für trockene Sachen.

Für Flüssigkeiten kannst du die Ecke eines Gefrierbeutels abschneiden.

343 Der Tiefkühl-Trick

Friere Hackfleisch möglichst flachgedrückt ein, dann lässt es sich schneller wieder auftauen. Wenn du es vor dem Einfrieren in Segmente schneidest, kannst du später ganz einfach kleinere Portionen entnehmen.

Hast du das Hackfleisch bereits in einem Gefrierbeutel verteilt, kannst du es mit einem Bratenwender oder Holzspatel in Segmente drücken.

344 VIELE MIT EINEM SCHNITT

Wenn du viele kleine Tomaten halbieren möchtest, lege sie zwischen zwei Teller oder Deckel von Frischhaltedosen. Halte den oberen Teller/Deckel mit sanftem Druck fest und schneide mit einem langen Messer einmal dazwischen entlang.

345 BLITZMAYONNAISE

Gib 1 Ei, 1 TL Senf, ½ TL Salz und 150 ml Pflanzenöl in einen Mixbecher. Stelle die Masse für 10 Minuten in den Kühlschrank. Dann setze den Stabmixer am Boden des Bechers an, beginne zu mixen und ziehe den Mixer langsam nach oben.

Du kannst die Mayonnaise noch mit Kräutern und Gewürzen verfeinern. Mit zwei Knoblauchzehen und etwas Olivenöl erhältst du leckeres Aioli.

Der perfekte Seelentröster. Mit einer Portion Vanille-Eis ein Gedicht.

346

Tassen-Brownie

4 EL Mehl, 3–4 EL Zucker, 2–3 EL Rohkakaopulver, 1 Ei (Größe M), 3 EL Milch, 3 EL Öl und 1 Päckchen Vanillezucker in einer Tasse gründlich verrühren. Zweieinhalb bis drei Minuten bei 800 Watt in die Mikrowelle, fertig.

Deko-Asse stechen hübsche Formen mit Metallausstechformen aus.

347 HAUCHZARTES GEMÜSE

Dünne Gemüsestreifen kannst du mit einem Sparschäler herstellen.

Mit den gleichmäßig dünnen Scheiben kannst du ein eindrucksvolles Obstmosaik auf den Teller zaubern.

348 Schnell geschnitten

Weiches Obst oder gekochtes Gemüse lässt sich mit einem Eierschneider in gleichmäßige Scheiben schneiden.

349

Zitronensaft-Spritze

Die Zitrone ein paar Mal fest mit der Handfläche auf dem Tisch hin und her rollen, damit sie gut saftet. Anschließend mit einer Nadel oder einer Messerspitze ein Loch hineinstechen. So lässt sich schnell ein Spritzer Saft entnehmen.

Durch das Rollen auf dem Tisch platzen die Zellen in der Zitrone und sie gibt mehr Saft frei. Die Zitrone nach dem Anstechen kühl lagern und innerhalb weniger Tage verbrauchen.

350

KIWI SCHÄLEN

Kiwis lassen sich ganz einfach mit dem Löffel schälen: Einfach die Stielenden der Kiwi abschneiden und mit der Löffelkelle rundherum innen an der Schale entlangschaben.

Kiwis enthalten mehr Vitamin C als Orangen und zählen zu den gesündesten Früchten überhaupt.

351 Löffelsperre

Eine Wäscheklammer am Stiel eines Holzlöffels verhindert, dass er in den Topf oder die Pfanne rutscht. Einfach die Klammer am Rand einhängen.

Wir empfehlen die Verwendung einer Holzklammer.

352

Frische Apfel-Schnitze

Ein in Achtel geschnittener Apfel bleibt frisch und saftig, wenn du ihn wieder zusammensetzt und mit einem Gummiband zusammenhältst.

353 Schneller reif

Unreife Avocados reifen schneller, wenn du sie zusammen mit einer Banane oder Bananenschale in eine Papiertüte packst.

Ob die Avocado reif ist, erkennst du, wenn du das Stielende abbrichst. Ist das Fruchtfleisch leicht gelblich, ist die Avocado reif.

354 Außen kross, innen weich

Lege zwei Scheiben Toastbrot aufeinander und schiebe sie in den Toaster. Du erhältst den perfekten Toast: Außen schön knackig, innen herrlich weich.

Ideal für BLT-Sandwiches (siehe Seite 393).

355 LÄNGER HALTBAR

Der Reifeprozess von Bananen lässt sich verlangsamen, indem du die Stiele fest mit Klarsichtfolie umwickelst.

Bananen und Äpfel nicht zusammen lagern, da die Äpfel Ethylen freisetzen, welches die Bananen schneller braun werden lässt.

Feinschmecker geben noch etwas Kakaopulver und/oder Vanille-Eis dazu.

356 Instant-Eiskaffee

Abgekühlten Kaffee in eine Eiswürfelform geben und einfrieren. 5–7 Kaffee-Eiswürfel mit Milch anrühren. Fertig ist der Eiskaffee.

357

Kleckerfrei ausgießen

Getränke aus dem Karton lassen sich leichter gießen, wenn die Ausgießöffnung oben ist.

So kann die Luft besser in den Getränkekarton gelangen und die Flüssigkeit blubbert nicht unkontrolliert heraus.

Ein halber Liter Wasser entspricht 500 Gramm.

358 Bügelwaage

Mit einem Kleiderbügel, Plastikbeuteln und einer mit Wasser gefüllten Flasche kannst du eine einfache Waage improvisieren.

359

ROLLEN UND SCHNEIDEN

Mit einem Pizzaschneider lassen sich Kräuter klein schneiden.

Wer Spaß am Rollen gefunden hat, kann so auch noch etwas Schinken oder Speck zerkleinern und sich ein leckeres Rührei machen.

360

Eierschale raus!

Eierschale in einem aufgeschlagenen Ei lässt sich leichter entfernen, wenn du zuvor die Finger anfeuchtest.

361 KONSTANTE DICKE

Um Teig gleichmäßig dick auszurollen, lege links und rechts Holzbrettchen oder Holzlöffel so ab, dass du das Nudelholz darauf führen kannst.

! Die gleichmäßige Dicke des Teiges ist wichtig, damit Plätzchen und Kekse im Ofen nicht unterschiedlich braun werden.

362

Backofen-Speck

Verflechte sechs halbe Streifen Frühstücksspeck und lege sie auf ein Stück Alufolie. Im Backofen grillen, bis der Speck schön kross ist.

Mit zwei Scheiben Toast (siehe Seite 385), Tomate, Salat und Mayonnaise kannst du daraus ein typisch amerikanisches BLT-Sandwich machen – Bacon (Speck), Lettuce (Salat), Tomato (Tomate).

Durch die Vertiefungen vom Waffeleisen eignet sich dieses Rösti hervorragend als Beilage zu Gerichten mit Soße, wie das traditionelle Zürcher Geschnetzelte.

363

Rösti aus dem Waffeleisen

Kartoffeln mit der Küchenreibe grob raspeln und etwas salzen, das Waffeleisen dünn mit Pflanzenöl bepinseln. Etwas von der Kartoffelmasse gleichmäßig auf dem Waffeleisen verteilen und bei mittlerer Hitze backen, bis das Rösti goldgelb ist.

364 KRÄUTER IN ÖL

Um frische Gartenkräuter haltbar zu machen, fülle sie einfach in eine Eiswürfel-Form, übergieße sie mit Olivenöl und friere das Ganze ein.

Auf diese Weise lassen sich größere Kräutermengen auch bequem stapeln.

365 Süßer Abschluss

Brownies entstehen in Rekordzeit, wenn du den Teig in einem Waffeleisen bäckst.

Noch dicker und saftiger sind Brownies aus einem Waffeleisen für belgische Waffeln (rechteckig).

NÜTZLICHES FÜR LIFEHACKER!

Hier findest du die vielseitigsten Alltagssachen aus dem Buch alphabetisch sortiert. Folge den Seitenverweisen, um zu erfahren, was du damit machen kannst.

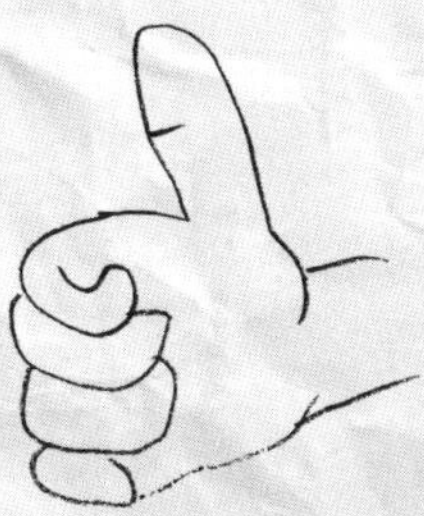

Kai Daniel Du ist 36 Jahre alt, wohnt in Adendorf bei Lüneburg und arbeitet als wissenschaftlicher Mitarbeiter an der Leuphana Universität. Er kocht leidenschaftlich gern und malt täglich ein fliegendes Einhorn für seine Tochter.

Benjamin Behnke ist 27 Jahre alt, lebt in Dortmund, lässt nach eigenen Angaben keine Gelegenheit für einen schlechten Witz oder ein Wortspiel aus und macht gerade seinen Abschluss in Wirtschaftsinformatik.

Zusammen produzieren Kai und Ben den Podcast „Trick 17". Hier kannst du reinhören:
= **www.trick17-podcast.de**

Impressum

FOTOS: frechverlag GmbH, 70499 Stuttgart; lichtpunkt, Michael Ruder, Stuttgart
ILLUSTRATIONEN: Rosenrot (Christine Gerlach und Charlotte Müller), www.schnee-weisschen.de
PRODUKTMANAGEMENT UND LEKTORAT: Monique Rahner
KORREKTORAT: Redaktionsbüro Uta Ko[illegible]agk, Wiesbaden
COVERGESTALTUNG: Eva Grimme · **LAYOUT UND SATZ:** Katrin Röhlig, Katrin Krengel
DRUCK UND BINDUNG: Neografia, Slowakei

1. Auflage 2014 · © 2014 frechverlag GmbH, 70499 Stuttgart
ISBN 978-3-7724-7514-6 · Best.-Nr. 7514

Platz für deine Notizen